重庆广播电视大学基层单位转型发展探索与实践

主编◉李国　胡继明

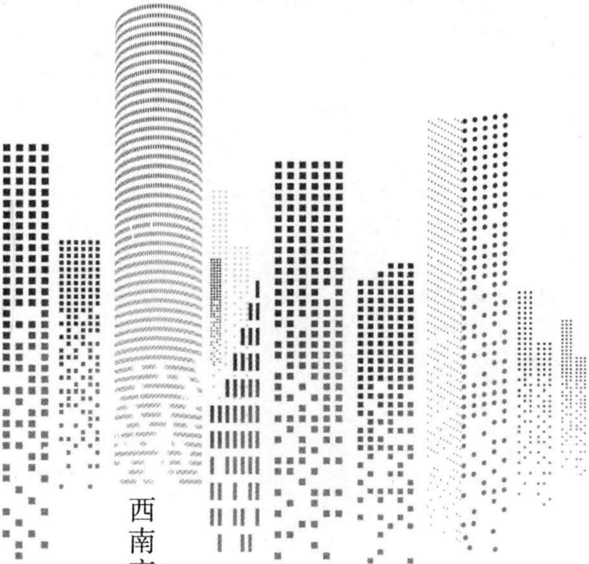

西南交通大学出版社
·成　都·

图书在版编目（CIP）数据

重庆广播电视大学基层单位转型发展探索与实践 / 李国，胡继明主编. —成都：西南交通大学出版社，2021.4
ISBN 978-7-5643-8001-4

Ⅰ. ①重… Ⅱ. ①李… ②胡… Ⅲ. ①广播电视大学－发展－研究－重庆 Ⅳ. ①G728.8

中国版本图书馆 CIP 数据核字（2021）第 059121 号

Chongqing Guangbo Dianshi Daxue Jiceng Danwei Zhuanxing Fazhan Tansuo yu Shijian
重庆广播电视大学基层单位转型发展探索与实践
主编 李国 胡继明

责任编辑	赵永铭
封面设计	原谋书装
出版发行	西南交通大学出版社 （四川省成都市二环路北一段 111 号 西南交通大学创新大厦 21 楼）
发行部电话	028-87600564 028-87600533
邮政编码	610031
网址	http://www.xnjdcbs.com
印刷	四川煤田地质制图印刷厂
成品尺寸	170 mm × 230 mm
印张	12.25
字数	176 千
版次	2021 年 4 月第 1 版
印次	2021 年 4 月第 1 次
书号	ISBN 978-7-5643-8001-4
定价	62.00 元

前言

PREFACE

教育是国之大计、党之大计。从党的十九大要求“办好继续教育”到《中国教育现代化 2035》提出“大力发展继续教育”，再到十九届四中全会提出的“创优提质”战略，彰显了继续教育在提高国民素质、建设学习型社会中的重要使命。2010 年 7 月，党中央、国务院颁布了《国家中长期教育改革和发展规划纲要（2010—2020 年）》，其中第二十五条明确提出了“办好开放大学”的科学决策，并就其体制机制创新提出了一揽子的具体谋划。紧接着，重庆市人民政府发布了《重庆市中长期教育改革和发展规划纲要（2010—2020 年）》，明确提出“建设重庆开放大学”，并先后将这一重大战略列入到政府一系列的教育规划与制度安排中。至此，重庆广播电视大学全系统开启了转型发展开放大学的建设之旅。一转眼，十年探索走到了关键的重要节点。近日，教育部党组会议审议通过并颁发了《国家开放大学综合改革方案》，其中第十条明确了将“推进现有广播电视大学转型为地方开放大学。推动有关 39 所省级广播电视大学统一更名为××（省域名或城市名）开放大学，规范其市州、区县分支机构名称”。该方案还提出了一系列的改革具体任务和保障措施，开放大学崭新的一页即将翻开，一所新型的高等学校即将起航。值此特别之际，重庆广播电视大学向全市基层单位征集转型发展与开放大学建设的典型案例结集出版，特以纪念全市基层电大立志探索，敢当前锋，勇做铺路石的奠基十年；同时也昭示，重庆开放大学的后继奋斗者不忘初心，继往开来。

基层电大在开放大学建设中具有重要的基础地位和使命担当，面临开放大学建设这一全新的教育改革与创新工程，全市电大系统以饱满的热情、昂扬的斗志和当仁不让、舍我其谁的勇气，围绕习近平总书记“两点”定位和“两地”“两高”目标①，认真落实市委市政府战略部署，主动适应新时代对电大教育和终身学习的新要求，办好百姓身边大学。在市电大的统筹指导下，通过专家宣讲解读，研讨激发，调研指导，政策导向，项目引领，先行先试，典型示范等系列顶层设计，进一步理清了全市电大及其系统转型发展的整体思路和任务内容，充分激发了基层单位开放教育事业发展的生机活力。全市各基层电大以问题为导向，坚持补短板、强弱项、固根本、强基础，进一步加强实体化能力建设、教学能力建设、信息化能力建设、资源能力建设、社会服务能力建设、人才培养模式改革及办学模式创新，着力探索与我市市情相适应的转型发展的新路径、新模式和新方案，持续推进全市电大系统差异化、特色化发展。本书所征集的 34 个转型发展典型案例就是基层电大在人才培养、教学改革、特色发展、社会服务、合作办学、乡村振兴等多方面转型探索的真实写照。它们既是开放大学建设历程中的吉光片羽，更是全市基层电大扎根巴渝大地，转型发展的缩影，又是基层电大人的心血凝成，个个案例宛如闪耀的点点繁星镶嵌在开放大学的浩瀚星空熠熠生辉。

① “两点”指重庆是西部大开发的重要支点，处在“一带一路”和长江经济带的联结点上；“两地”“两高”指要求重庆建设内陆开放高地，成为山清水秀美丽之地，在建设“两地”的基础上，努力推动高品质发展、创造高品质生活。

通过十年转型发展与开放大学建设，全市基层电大发生了令人欣喜的变化：实体化建设能力全面增强，办学基础条件明显改善，人才培养质量不断提升，多元化办学模式稳步推进，队伍建设成效显著，远程职教融合发展态势良好，社会服务能力持续增强。回顾十年探索路，既充满艰辛又令人难忘和自豪！

我们曾经历过思想的激荡与碰撞，也有过彷徨与迷惘，大家从观念模糊到思路清晰，从被动接受到主动作为，从破冰探索到今天持续创新！未来已来，重庆开放大学即将扬帆起航，愿我们继续以高质量办学和高品质学习为引领，艰苦创新，砥砺耕耘，奋楫笃行，臻于至善。

由于我们的能力和精力有限，对于全市基层电大转型发展的案例收集与编辑难免挂一漏万，不足之处，在此诚挚致歉。同时，真诚地希望能得到各位同仁以及专家、学者的指点和帮助，使我们在未来开放大学办学的道路上不断创新并取得新的进步。

编　者

2020 年 9 月

目录

CONTENTS

人才培养篇

教育改革篇

特色发展篇

社会服务篇

合作办学篇

乡村振兴篇

人才培养篇

- 继续教育学院：三驾马车齐头并进，人才培养多点开花
- 直属学院：实现五个对接，培养技术技能型人才
- 黔江电大：坚持“两对接三服务”，服务民族地区人才培养
- 九龙坡分校：培养智能制造人才，做校企合作典范
- 垫江分校：作于细，倾于情，持续做好学生归属感、自豪感的培养工作
- 石柱分校：立足康养人才培养新定位，激活转型发展新动能
- 经贸学院：建构“融合互通”育人体系，打造“为农服务”办学特色

继续教育学院：三驾马车齐头并进，人才培养多点开花

重庆电大继续教育学院在学校“一体多元三融合”和“互联网+双一流”新型高等学校发展理念指导下，坚持“两导向两精准”（以需求为导向，精准切入；以市场为导向，精准定位）、“一大型一领先”（与大型企业合作、与领先企业合作）的办学理念，以创新谋突破，以质量求生存，以特色创品牌，以内涵促发展，学历教育、非学历培训、社区教育三驾马车齐头并进，多点开花，形成了多元协作的人才培养体系，在重庆市“全民学习、终身学习”的学习型社会建设进程中发挥了重要作用。

强化内涵建设，提升人才培养质量。学院学历教育坚持开放教育、成人专科、网络教育协调发展，在籍学生 2 万余人。建立了内部质量诊改机制，完善工作制度，细化工作目标，强化过程监督，保障教学和人才培养质量。一是根据《国家开放大学质量标准 1.0 版本》修订了《教学工作手册》《考务工作手册》《教学教务管理标准化工作流程》，使教学教务工作向规范化、标准化、常态化转变。二是坚持问题导向、目标导向，以提高人才培养质量为目标，以提高教育教学质量为核心，以构建专业团队的教学支持服务体系为抓手，组建了行政管理专业教学模式改革团队，探索“以学生为中心”的教学方法改革，通过问题探究、科研训练、任务驱动、翻转课堂等多种方式成功实施多门课程的混合式教学，激发了学生参加教学活动的积极性，在国家开放大学实地教学检查中获得专家组高度评价。三是坚持扩大开放合作，积极推进学历教育进园区、进企业，与富士康重庆科技园、北汽银翔汽车有限公司等签订了合作办学协议，联合培养企业所需的应用型人才。与重庆建材技工学校、重庆工业职业管理学校等多家中职技工学校签订了合作办学协议，拓展了办学空间。

发挥基地职能，打造精品培训项目。学院坚持建基地、创品牌，全方位服务社会需求的培训理念，充分发挥各类培训基地的职能，深入推进与政府、行业、企业的合作，开发打造多样化、层次化、序列化的培训项目，构建了非学历培训的管理制度、标准化工作流程和质量标准，切实提升了培训质量，学员满意度达 94%。一是依托重庆市的干部教育培训基地和专业技术人员继续教育培训基地，发挥远程教育和课程研发的优势，积极开展公务员、专业技术人员公需科目远程培训，研发了“新驱动发展战略”“以大数据、智能化引领创新驱动发展”等具有地域特色的培训课程资源近百个。线下举办了重点区县精准扶贫、提升创新发展能力、乡镇干部打好精准脱贫攻坚战示范性培训班和“城市地质云建设高级技术”“国家跨境电子商务人才培养和能力建设”专业技术人员高级研修班，累计培训学员近 50 万人次，形成了“线上远程培训+线下集中研修”两线融合的培训模式。二是依托重庆市市级教师培训基地，探索有效提升教师队伍综合素质的培训模式，承担了幼儿教师“国培计划”的保教能力提升培训、转岗教师培训、访名园培训、团队置换脱产研修培训和学前教育市级培训项目，培训学员约 5 000 人，培训效果好，被评为重庆市“国培计划”项目工作先进集体和教师教育先进集体。三是依托重庆市扶贫办雨露计划培训基地，开展母婴陪护师（月嫂）培训、扶贫乡村旅游创业培训、乡村幼儿教师保教能力提升公益培训，累计培训学员近 3 000 人，助力学员创业就业，实现了教育扶贫的目的。学院建构了“三段四步”“五主三法”等多种培训模式，提出了“五项修炼”的职业素养培训路径，并通过实施“五步递进”和“五微效能”的培训方法，提高了人才培养的质量，得到重庆市委组织部、重庆市人力资源和社会保障局、重庆市公务员局、重庆市教委的高度认可，也切实为推动中央和市委重大战略布局、重大决策部署落地见效，培训工作服务中心、服务大局、服务发展的功能和作用得到充分发挥，取得了良好的社会效益，建立起了立足重庆的专业化干部和教师培训的重要基地。同时，学院还积极探索“互联网+”人才培养模式，与华龙网下属互联网企业合作，充分利用华龙网的品牌和资源优势，开展多元化的教育培训活动和课程资源建设，在品牌塑造、人才培养、就业创业、技术合作等方面开展全方位的共享共建，建立互联网+实习实训教学基地、人才孵化基地和就业创业平台，已累计培训学员 150 余人。

深入推进社区教育，服务全民终身学习。一是运用系统办学、贴近社区的优势，组建社区教育“四级网络”联盟办学体系，成立了 19 所社区教育学院、290 所社区学校、1 400 多个社区学习中心。构建了以专职人员为骨干，兼职人员和志愿者为主体的社区教育教学与管理队伍。二是运用信息化技术手段，构建了优质教学资源向社区传播和支持服务的多种信息化平台，为市民提供了免费学习的平台和智慧化的学习环境。三是运用“两校一体”、跨界融合的优势，整合高等教育、职业教育以及成人教育的优质资源，开发了多类型、多模块的市民终身学习课程。四是积极开展全市社区教育管理干部、专职教师、社区居民和志愿者培训，培训人数达 3 000 人。先后获得了全国十佳终身学习活动品牌、全国事迹最感人的百姓学习之星、全国 100 佳百姓学习之星、全国终身学习活动品牌、重庆市终身学习活动品牌、全民终身学习活动周“特殊贡献奖”等荣誉；“服务市民终身学习需求的社区教育课程开发与教学模式创新探索与实践”项目，获得重庆市人民政府第五届高等教育教学成果奖二等奖。重庆电视台、重庆晨报、大渝网、华龙网、中国新闻社、凤凰网等多家市内外媒体对社区教育做了专题报道，社会影响与日俱增。

面向未来，继续教育学院将在学校办学特色理念的引领下，与企业合作共建共享办学成果，打造具有“互联网+”办学特色和市场竞争优势的品牌项目；推进学历教育进园区进企业，精准切入大型企业职工学历提升和继续教育的需求，拓展校企合作的深度和广度；探索基于专业团队的教学支持服务模式改革，搭建学历教育与非学历教育融合互通的人才培养“立交桥”，切实提高人才培养质量，增强社会服务能力，在学校转型发展、开放大学筹建和重庆学习型社会建设进程中发挥更大的作用。

直属学院：实现五个对接，培养技术技能型人才

重庆电大直属学院围绕学校“质量、特色、能力”建设，在转型中谋发展、发展中谋提升，不断深化成人学历教育人才培养，打造专业的职业教育，努力强化专业设置与产业需求对接、课程内容与职业标准对接、教学过程与生产过程对接、毕业证书与资格证书对接、职业教育与终身教育对接，着力完善内涵建设、提升办学水平，走出了一条多模式、多样化的技术技能型人才培养之路。

专业设置对接产业需求。学院根据重庆市产业发展需求，适时调整专业结构，扩展专业方向，以培养学生厚基础、强能力、好就业。首先，改造老专业，走内涵发展之路。如药学专业根据岗位需求进行改造，设置药品营销方向，增设营销相关课程和实训内容，毕业学生深受药房企业欢迎。其次，合并相近专业，实现一专多能。如视觉传播设计与制作专业通过合并环境艺术设计、视觉传达艺术设计、计算平面设计专业，形成一个专业和若干个专业方向，既充分整合教学资源，又有所侧重，增加了专业适应市场的弹性和张力。其三，开设新专业，适应地方产业结构调整的需要。如根据轨道交通的发展需要开设了城市轨道交通运营管理专业。学院通过专业调整和优化专业结构的举措，强化了学生的专业实际动手能力培养，提升了成人教育的吸引力和核心竞争力，真正做到了内涵好、就业旺。

课程内容对接职业标准。学院借鉴职业教育课程开发理念和开发方法，结合成人教育课程改革实际，推进课程内容与职业标准的对接。一是推进专业课程内容与工作标准的对接。从专业课程体系与职业岗位能力、工作任务与教学内容、专业课程标准与职业技能标准等三个层面，对专业课程内容进行了改革。二是推进通识课程与人文素质、职业精神、创新创业精神的对接。遵循“通识课程与专业课程并重”的理念，在重视专业技能训练的同时，围绕通识必修课、通识选修课、隐性课程和必读书四个方面确定了通识教育的总体框架，将学生职业

精神、人文素质、创新创业精神的培养落脚在通识课程上，贯穿人才培养的全过程。通过实施通识教育，学生的职业发展后劲、职业规划能力显著增强。三是按职业标准完善课程内容。如商务管理专业立足外贸员职业应具备的外语技能，开设了英语听、说、读、写、译等方面课程，提高了该专业学生国际商务能力水平，使学生在海外、外贸企业的就业人数大幅提高。

教学过程对接生产过程。学院坚持理论教学与操作训练相结合，以学促练。一是加强校企合作实现“工学结合”。与旭硕科技、北汽银翔、康华医院、中海航、健之佳等企业合作，以企业需求为主，找准学工结合的对接点，形成培养标准共同制订、课程资源共同开发、师资队伍共同培育、实践基地共同建设、教育教学共同管理、招生就业服务共同担当的校企合作模式。为中海航、健之佳等企业开办“委托培养班”“定向班”，量身定做职业教育产品。二是建立实训基地，实现产教融合。通过建设实训室和虚拟仿真实训室，与企业合作建设校外实训基地，让学生在全真环境下实习实践，感受实际工作环境，熟悉实际生产流程，带动教学方式和培养模式的创新，实现教学方式与生产方式的无缝对接。三是引入行业、企业评价标准，形成工学结合、以工促学、工学教相长的教学模式，实现了教学过程与生产过程的有效衔接。2018 年学院在第九届中国高校美术作品学年展中荣获团体一等奖，教师作品获一等奖 2 项、优秀奖 1 项，学生作品获二等奖 1 项、三等奖 3 项，三名教师获评优秀指导教师。

学历证书对接职业资格证书。开展“课证融合”教育，把职业标准和职业资格证书等要求融入课程教学中。一是根据技术领域和职业岗位（群）的任职要求，按照实际工作任务、过程和情境，确定职业能力，分解能力结构，确定课程体系。二是参照相关职业资格标准，明确相关职业证书的要求，构建课程和教学内容，帮助学生在学习过程中取得“职业资格证”或“技能等级证”，强化职业能力培养。如计算应用技术、建筑工程技术、学前教育等专业，在课程中融入软件工程师、教师资格、建筑九大员证等考证内容，让学生在完成学历教育的同时获得职业资格证书。三是建立课证对换机制，学生取得的职业资格证书可与相应学历教育课程进行学分转换，实现了学历教育和非学历教育的有机融合。

职业教育对接终身学习。学院根据产业发展和技能型人才成长需要，构建了畅通职业教育、终身学习的通道，为学生可持续发展提供支撑。一是系统构建从中职、成人高职到应用本科的人才成长“立交桥”，在中职开放课程注册学习，在成人高职阶段衔接本科课程，实现中职、成人高职、应用本科人才培养的衔接沟通、纵向流动。二是关注学生终身学习素质的培养，在传授职业知识、培养职业技能的同时，重视培养学生的持续学习能力，强化工匠精神培育，使学生树立终身学习观，不断提升终身学习的能力。

进入新时代，学院将继续贯彻落实全国教育大会精神，围绕学校“一体多元三融合”办学模式和“互联网+双一流”建设目标，聚焦人才培养，强化产教融合，扎根重庆大地，为经济社会发展培养更多德智体美劳全面发展的社会主义建设者和接班人。

黔江电大：坚持“两对接三服务”，服务民族地区人才培养

作为一所地处民族农村山区的地方电大，近年来，黔江电大与地方经济社会发展有效对接，坚持“两对接三服务”基本理念（专业对接产业、项目对接技能，服务黔江产业发展、服务黔江农民致富、服务黔江乡村振兴），整合政府、行业、企业、学校的优质教育资源，促进学历教育、非学历教育、社区教育协同发展，找到了一条服务民族地区本土人才培养的特色路径。

立足民族地区特点，确立特色化办学思路。学校立足渝东南少数民族地区经济较落后、社会生源较少的现实，秉承“崇德尚学、励志笃行”校训，坚持“远程开放、服务大众、人人皆学、处处可学、时时能学”学习理念，确定了建设“开放办学，立德树人，文化传承，服务社会，推进全民学习，德艺双馨的开放大学”的办学目标，形成了以转型发展为契机，以改革创新为动力，以内涵发展为关键，以质量保障为核心，以信息化建设为载体，以专业建设为重点，以师资建设为根本，以实训基地建设为基础，以“两对接三服务”为路径，向过程要质量，向管理要规范，向师资要效益，向创新要动力，向技能要服务，服务民族地区终身教育的特色化办学发展思路。

紧密对接社会需求，加强教育教学改革。学校坚持专业对接产业的理念，突出学历教育专业的社会服务功能，以更好地服务民族地区经济社会发展需要。其一，确定优势专业。根据民族地区农业、产业的现实需求，积极调整专业结构，精选了农业相关的一批专业进行重点建设与推广，如开放教育的旅游管理、行政管理、工商企业管理专业，“一村一名大学生计划”的农村行政管理、农业经济管理、畜牧兽医专业，奥鹏的农学、园艺专业，已成为学校对接产业的优势专业。其二，加强课程资源建设。依托“互联网+”网络环境，充分发挥学校

积累各类教育资源的优势，建设乡村振兴人才培养的特色课程，并借助微课、慕课、弹幕、翻转课堂的教学模式和方法，构建课程体系。同时围绕服务黔江绿色生态发展需求，利用校内外资源开发了有地方特色的旅游文化系列教材 3 部（文本教材《魅力黔江》、视频教材《天理良心濯水魂》、视频文本教材《旅游维权攻略》）、乡村振兴系列教材 2 部（文本视频教材《实施乡村振兴战略，推进脱贫攻坚工作》、视频教材《电大扶贫在印合》），并已在学校内部推广使用。其三，强化实践教学。以产业教学、项目教学、典型案例教学、模拟实践、数字信息等为手段，加强实践教学，大力促进知识传授与生产实践的紧密对接，教学质量显著提升，促使学校近年来学历教育每年招生都在 1 000 人左右，常年在读学生 3 000 余人，保持了稳定的办学规模。

依托社区教育平台，大力开展培训活动。依托“重庆市社区教育示范区”的平台优势，在 30 所镇乡街道中心校挂牌成立社区教育学校、219 个行政村（居）委挂牌成立社区教育学习中心，利用社区教育网络建立具有民族特色、社区特点、开放共享、便民惠民的社区教育管理体系，大力开展农产品经济人才培训、畜牧兽医人才培训、农村电子商务培训、新型职业农民培训、涉农企业在岗职工技术培训、农村社区农民实用技术培训，培养了一批适应当地现代农业、循环经济、特色旅游发展需要的“爱农业、懂技术、善经营”的新型农民，有力推动了乡村振兴战略的落地。同时，结合当地少数民族特色旅游前景，积极引导社区广泛开展公民素养、人文艺术、科学知识、职业技能、早期教育、运动健身等各类教育活动，学校开发了“武陵山地区土家族苗族文化普及读本”“武陵山地区土家族服饰制作工艺”“家文化概论”“濯水景区‘5A’创建员工培训”等具有民族文化特色的课程，形成了“古镇小导游培训”“家文化培训”“市民公益大讲坛”“民乐训练”“后河戏”“智慧城西”等社区教育品牌。通过多方面的有力举措，丰富了社区教育的内容，提升了居民生活品质，为服务终身教育学习创造了良好的条件。

探索多元合作模式，积极拓展办学空间。从横向和纵向拓展社会合作，积极探索合作共建模式，不断拓展学校的办学支撑点。一是与黔江区农委、畜牧局、旅游局、文广新局、就业局、乡镇政府、蒲花河生态农业基地等单位和企业签订联合办学协议，合作开展了“农村致富带头人计划”培训、蔬菜园艺培训、农家乐经营与管理创业等培训项目。二是在黔江区濯水镇、黔江职业教育中心设置了 2 个学习中心，在黔江区沙坝、濯水、册山共建了 3 个教学实践基地，建立了以“教学合作、管理参与、技能融入、就业培训”为主要内涵的“互融式”校企合作人才培养模式，达到了教师互聘、资源共享、优势互补，与乡镇之间实现了文化互融、产教融合、渠道共用的目的，拓展了学校的办学空间。三是依托合作的政府部门、企业和职业院校，建立了继续教育部门联席会议制度、工作季度报告制度、高校和职业学校联系服务社区（村、企业）制度、学习型机关评选制度等，形成了“政府统筹、部门协作、社会参与”的良好工作局面。

学校培养的学生适应本地经济社会发展需要，成为了各行各业的骨干和全面奔小康的重要力量，不少毕业生成为了黔江区“微型企业的带头人”“农民致富的领头雁”“产业结构调整的领头人”“专业合作组织的管理能手”“专业技术人才标兵”。学校被国家开放大学命名为“一村一名大学生计划”办学工作先进单位，多次代表重庆电大在国家开放大学“一村一名大学生计划”项目会议上做经验交流发言。学校还被评为重庆市电大系统先进办学单位、重庆电大首批示范性分校，服务民族地区本土人才培养的工作得到充分肯定。

九龙坡分校：培养智能制造人才，做校企合作典范

为推动创新发展，加快学校转型步伐，九龙坡电大分校从夯实办学基础、构建终身教育大平台出发，积极探索政府主管、学校主体、社会参与、自主办学的新体制。学校主动出击与重庆庆铃汽车（集团）有限公司总装一车间合作举办“新型产业工人培养和发展助力计划”，开设汽车运用与维修技术专业，开启了九龙坡分校与企业的成功合作。

一、项目合作背景

汽车制造业是重庆的核心支柱产业，正加速朝着数字化、网络化、智能化的方向发展。庆铃汽车（集团）有限公司是我国汽车行业重点骨干企业，是中日合资、海外上市的核心企业——庆铃汽车股份有限公司及17个子公司、分厂，共计18个企业组成的企业集团。截止到2016年年末，集团总资产130亿元，净资产106亿元，庆铃汽车总部位于重庆市九龙坡区中梁山协兴村1号。

庆铃汽车“十三五”战略定位是抓住国资国企改革、“中国制造2025”、“一带一路”倡议等战略机遇，充分利用庆铃、五十铃和社会三方资源，坚持技术、质量、管理三个领先，面向国内、国际两个市场，实施质量型、差异化竞争，建成国内一流、国际知名的商用车为主的综合性汽车产业集团。为培养思想解放、理论扎实、技术过硬的现代汽车产业工人，响应“中国制造2025”，2018年12月，庆铃汽车提出员工“三年学历提升计划”，要求6 000余名产业工人提升学历和技能，成为智能制造人才。

九龙坡分校第一时间收悉情况后，立即与庆铃汽车接触。学校领导带队走进庆铃汽车总装一车间，与车间领导和一线工人广泛交流，征求意见。学校专门制定了《庆铃汽车工人朋友学历提升计划》，介绍

了学校的办学情况、举办专业、报名条件、收费标准、评优评先、教育理念和办学模式，国家开放大学的办学模式以及开放教育优势。九龙坡分校的合作诚意和办学的实力，打动了庆铃汽车一线工人，赢得车间党支部书记和员工的认可。

在双方的共同努力下，庆铃汽车总装一车间决定与九龙坡电大合作开展“新型产业工人培养和发展助力计划”，开启了九龙坡电大与企业合作的成功典范，所开设的汽车运用与维修技术专业，当年就招收了72名学员。

二、贴近企业，优化人才培养方案

高端制造业是工业化发展的高级阶段，为助力庆铃汽车厂的智能制造人才培养，完善校企合作，九龙坡分校校领导前往庆铃汽车，实地走访、调研，听取企业需求，为企业量身打造人才培养方案。

九龙坡分校校领导带领学历教育部主任、招办主任、重庆理工大学工程训练与经管实验中心负责老师等一行来到庆铃汽车，在总装一车间傅小渝书记的带领下参观车间装配线，了解了汽车制造流水线的基本情况和培训场地的初步设想。合作双方召开了人才培养工作座谈会，庆铃汽车总装一车间周小川主任参加了座谈。会上校企双方就汽修专业的课程设置、考核标准、授课方式等充分讨论。合作双方将在面授课程设置、教学实施和人才培养等方面开展探索，达成了送教上门、实践环节下沉到车间完成，与技能鉴定中心合作，实施学历教育与高级技工技能双证培养模式等一致性目标。同时计划在2019年春季启动汽修专业高级技工的培训，满足企业转型升级和职工成长发展的需要。

三、精心施教，贴心服务，助力“非常学习”

招生只是合作成功的第一步，为学员提供优质教育教学服务才是可持续合作的根本。学校领导班子制定了“精心施教，贴心服务”的教学服务工作目标，举行了开班仪式、“360度无死角”辅导网上学习技能、在厂门口组织面授教学、与厂部共派专业管理老师、遴选班组长组建车间学习共同体、组织召开运动会、团建活动、技能培训及考试等教学服务活动。

（一）举行庄重开班仪式

2019 年 4 月 21 日，九龙坡分校在六楼大会议室举行了汽车运用与维修技术专业的开班仪式，庆铃汽车股份有限公司 53 名春季学员参加了开班仪式，重庆电大高级工程师、庆铃汽车总装一车间书记、领导出席开班仪式。

40 分钟的开班仪式隆重而紧凑。仪式结束后，重庆电大的优秀老师、高级工程师吴卫老师为学员们讲授了“汽车机械基础”的相关知识，深受学员们的喜爱。班主任还为这批特殊的学员手把手进行网上学习技能培训。

（二）主动送教进厂区

首期为庆铃厂学员开设了一门基础性专业课“汽车机械基础”，除第一次课在学校举行外，后续上课安排在距庆铃汽车总部一步之遥的协兴村居委会举行。送教家门口，学生既感动又高兴，踊跃参加面授，到课率很高。面授课均安排在周末，班主任每次到堂服务，学校副校长和主任轮流督导检查。

（三）开展技能培训服务

汽车制造业是重庆的核心支柱产业，正加速朝着数字化、网络化、智能化的方向发展，为培养理论扎实、技术过硬的现代汽车产业工人，学校特为 2019 年汽车运用与维修专业（庆铃班）举办了技能等级（中级工）培训。

经过培训，学生们都称赞这样的培训质量高、效果好、参与感强，并表示将自己在培训中所掌握的知识与技能运用在实际工作中。参考的 66 名同学，均取得了汽车维修工中级证书。

（四）举行学生运动会

举行以“发展体育运动，增强公民体质”为主题的“九龙电大杯”

第四届学生运动会。重庆市九龙坡区体育局有关领导，九龙坡电大分校领导班子出席此次运动会，庆铃汽车这批特殊的学员组队参赛，喜获集体二等奖，展示了制造业学子们的风采。

（五）举办迎接中华人民共和国成立70周年演讲比赛

2019年6月，伴着六月的骄阳，2019春季汽车运用与维修技术专业的50多名学生齐聚中梁山街道协兴村社区多功能厅，以“礼赞新中国，奋进新时代”为主题的“祖国母亲70华诞”演讲比赛隆重举行。演讲比赛邀请到了九龙坡电大、协兴村社区、庆铃汽车总装一车间、九龙坡电大胡志强副校长担任评委。汽车运用与维修技术专业的19位同学精心准备，进行了精彩演讲，全体学员到场观摩、喝彩！

本次演讲活动是一场爱国主义的教育，50多位同学接受了一次心灵的洗礼。

（六）团建活动

为响应九龙坡区大型文旅推介活动“晒文化·晒风景”，为企业学员营造“生动活泼，团结奋进”的学习氛围，学校特组织暑期学生户外团建活动。2019年7月14日上午，来自庆铃汽车厂汽车运用与维修技术专业的同学齐聚九凤山，师生们一起踏进了素有“小九寨”之称的九凤瑶池，学员同老师们一起感受大自然的馈赠，增进了友谊，陶怡了性情。

九龙坡分校深入庆铃汽车车间举办学历教育的案例，拓展了校企合作人才培养的路径，更是对开放教育提升教育服务质量的倒逼，我们将一如既往，全心全意把这批生产车间的一线学员培养成智能制造人才，力争成为校企合作的典范。

垫江分校：作于细，倾于情，持续做好学生归属感、自豪感的培养工作

远程开放教育实现了教育观念、教育对象、教育资源和教育过程的开放，学生对课程选择和媒体使用有很大的自主权，在学习方式、学习进度、学习时间、学习地点上可自由选择，新型的教学模式和学习模式使学生集中接受面授辅导的时间和次数大大减少，参加学校和班级集体活动的积极性不高。师生关系的疏离，同学关系的淡漠，使得学生难以感受到校园文化的教养和熏陶，归属感明显减弱。相比全日制教育，电大学生的身份认同感降低，自信心、自豪感受挫，直接影响着新生招录和学校的可持续发展。

按照转型发展“不破而立”的观念，秉承“天下大事，必作于细”的原则，垫江分校在转型发展中，狠抓内涵发展，将学生归属感、自豪感的提升，作为提升学校美誉度、推动学校可持续发展的重要抓手，促进学校步入了健康发展的轨道。

一、实施过程

（一）统一思想，制度先行

电大不只是学生拿文凭的地方，更是学生接受文化教养和文化熏陶的地方，提升学生归属感、自豪感对学校的长远发展有着重要影响。为此，我校领导班子反复研究，统一思想，形成细处着手抓学生归属感、自豪感提升以促学校可持续发展的共识。组建课题小组，专题研究学生归属感、自豪感提升问题。同时，制定《校园文化建设方案》《班级文化建设方案》《校级优秀学生评选表彰办法》《关于丰富学生文娱活动的管理制度》等。

（二）师德提升，润物无声

在教育教学管理中，和学生联系最多的是专业责任教师、课程辅导教师和专业管理教师，教师的言行将对学生的归属感带来直接影响。为此，学校狠抓师资队伍建设，在抓教师专业素质提升、顶岗锻炼培养的基础上，重点抓师德提升，激励教师努力成为“四有好老师”，并结合开放教育实际，倡导教师努力成为“四感教师”，即以教师的职业认同感感染学生，以教师的道德情操感召学生，以教师的服务意识感动学生，以教师的仁爱之心感化学生。

（三）大胆探索，重在落实

1. 着力思想引领，提升学生归属感

（1）营造浓厚校园文化氛围，发挥环境育人功能。在校园开辟专栏，将广播电视大学的建立和发展、国家开放大学的发展进程、垫江分校的建设发展历程展示出来，提升学生对学校的知晓度和认可度；将每年的优秀毕业生、网上学习之星、优秀教师、优秀班主任分专栏专题宣传，激发大家学习先进。

（2）上好开学第一课，点燃学生希望的种子。在新生开学典礼后，我校还有一个重头戏，那就是给学生上好开学第一课。邀请专家讲励志讲座，激励学生自强不息、加压奋进；组织班主任、专业责任教师、课程辅导教师分班分小组进到学生中，给学生规划人生、指点迷津，让学生从思想深处燃起对开放教育的信心和希望。

（3）狠抓班级文化建设，构建和谐向上班风。各班选优配强班干部，做好班干部培训和职责分工，建立 QQ 群、微信群，加强日常沟通交流，强化“同为一班，终生为友”理念，增强班级凝聚力。

2. 着力示范带动，提升学生自豪感

（1）组建优秀学生巡回宣讲队。组织历届优秀毕业生、网上学习之星、知名校友共 8 人组成宣讲队，走进班级、深入社区，特别是学生分布较多的单位开展巡回宣讲，以他们实实在在的学习经历、工作成就现身说法，展现新时代电大生的风采。

（2）举办优秀学生成果展。每学年举办一次优秀学生成果展，展示学生平时作业、优秀毕业论文、优秀调查报告，晒国家奖学金获得者成绩单等，邀请县上分管领导、周边社区群众、在籍学生参观指导和学习。

（3）评选表彰先进典型。每学年评选表彰一次校级优秀毕业生、优秀班干部、网上学习之星、积极上进之星、文娱活动之星，予以物质奖励和精神奖励。

3. 着力活动吸引，提升学生参与度

（1）办好主题班会。每班每学期举办一次高质量的主题班会，班主任从意识形态上把关，班干部具体负责组织，主题班会刻成光盘分送各班集中学习时展播。

（2）举办校级演讲比赛。学校每学年举办一次“我骄傲，我是电大人”的大型演讲比赛，各班推荐学生参赛，现场邀请电视台、报社宣传报道，手机台全程直播，扩大活动影响面。

（3）开展户外扩展活动。以班为单位，开展户外扩展活动，通过爬山、露营、野炊、乡村游等，增进学员之间的相互了解和情谊。

4. 着力平台搭建，提升学校美誉度

（1）组织学生参加县级人生规划大赛。发动各班组织预赛，推荐优秀选手参加全县一年一度的优秀青年人生规划大赛，展现电大学生别样的人生。

（2）组织学生参加全县大型文娱活动。只要全县有大型文娱活动，尽可能组队参加。如今年国庆节，组织新入学的汉语言文学专业部分学生参加“庆祖国七十华诞”合唱比赛；今年农民丰收节，行政管理专业学生黄炼在开幕式上代表村社引进优秀人才发言。

（3）发起“给用人单位的一封信”活动。学校以人为本，毕业生毕业后坚持“送一程”，从 2019 年开始，向毕业学生所在单位或拟将应聘的单位去一封信，将学生的学习表现、所学科目推介给用人单位。

二、主要成效

（一）学生满意度逐年提高

学校每学年组织一次学生评教和满意度调查，近两年学生满意度有明显提升，2019 年学生满意度为 96.7%，比上年提升了 9%。

（二）新生录取稳中有升

随着学生满意度提升和群众口碑好转，在今年电大招生大环境受影响的情况下，学校招生 632 人，其中老生带新生就有 126 人，专科续本科有 83 人，比去年增加 25 人。学校连续 5 年获招生稳定奖。

（三）多次受市电大和国开大表彰

近七年来学校每年被重庆电大评为全市电大教育工作先进单位；近 50 位教师被市电大评为优秀教师、优秀班主任、先进招生个人、先进财务工作者等称号。学生杨权等获 2019 年春季学期专业远程学习服务中心“网上学习之星”；学生夏小波等获 2019 年春季“重庆广播电视大学优秀毕业生”称号；学生胡相兵获“国家开放大学优秀毕业生”称号。

（四）吸引企业到我校招聘优秀学生

近两年，工业园区物流园、天圣药业、坤太轮毂等企业主动到我校联系，招录工商企业管理专业学生 7 名，招录汉语言文学专业学生 3 名，招录工程造价专业学生 4 名。惠民药房、康复药房到我校招录药学专业学生 36 名。

（五）各级领导高度重视垫江电大发展

县领导高度重视我校发展，多次到我校调研指导工作，分管领导亲自签署了“重庆电大电商物流学院”特色学院建设合同；市电大领导多次到学校指导特色学院建设工作。

三、思考改进

稳定的生源，是学校发展的关键。学校必须主动作为，长远谋划，持续做好学生归属感、自豪感的培养工作，以良好的口碑推动学校可持续发展。

（1）以质量求生存，赢得学生充分信赖。结合成人教育的特点，从教学模式、管理服务、教学科研、考风考纪等方面不断改进和完善，从内涵发展上提升学校办学质量，树立良好口碑，以质量赢得学生的信赖。

（2）改善办学条件，提供优质高效服务。根据开放教育的现实需要，探索“网络虚拟校园”建设，优化教师移动办公和学员移动终端学习系统建立，拓展虚拟校园空间。根据特色学院建设和专业课学习需要，加强实习实训基地建设，弥补开放教育短板，为学生提供优质高效的服务。

（3）充分整合资源，加大宣传影响力度。发挥好我校几块牌子的优势，用开放教育资源优势树牌子，用干部教育资源优势守位子，用行业教育培训优势拓路子，充分整合资源，深入部门、企业、乡镇、社区、课堂，让大家知晓开放教育、认可开放教育，做开放教育的宣传员。

（4）发挥自身优势，打造开放教育品牌。利用开放教育网络学习优势，打造更加人性化的富有吸引力的网络学习平台，做足网上宣传功课，让学生在学习中潜移默化感受文化的熏陶；最大限度地吸纳最前沿资讯，让学生足不出户，享受最好的教育资源，感受开放教育的魅力。

电大转型发展任重道远，电大学生归属感、自豪感的提升更是个慢功夫、细功夫。作于细，倾于情，我们在路上！

石柱分校：立足康养人才培养新定位，激活转型发展新动能

重庆电大石柱分校与重庆电大康养学院、教师进修学校、社区教育学院四校合一，实行“四块牌子、一套班子”的管理体制，承担着全县成人高等学历教育、康养产业职业技能培训与服务、中小学教师培训与管理、市民社区教育管理等职能。近两年来，学校以习近平新时代中国特色社会主义思想为指导，深入贯彻党的十九大精神，围绕石柱县“转型康养，绿色崛起”发展战略，与“大康养”产业发展高位对接，以服务“康养石柱”建设为宗旨，以提升质量铸造特色为目标，以培养康养专业人才为核心，以学历教育和非学历教育为相互协调同步驱动的“两轮”，聚集优质康养教育资源，努力提升服务“康养石柱”建设的能力和水平。

校地共建康养学院，服务区域发展战略。学校以基层电大转型发展为契机，对接石柱县“转型康养，绿色崛起”发展战略，把转型发展的方向确定为创建康养学院，主动向县委、县府及教委汇报电大转型为康养学院的基本思路和建议，主动邀请专家到学校指导电大转型发展和康养学院创建工作。在市电大党政领导的大力支持下，2018 年 3 月，石柱县人民政府与市电大签订了《合作共建康养学院框架协议》，并于 4 月正式挂牌成立重庆广播电视大学康养学院。正在建设中的康养学院以重庆电大石柱分校为基础，以培养康养人才、提升康养从业人员技能、提高居民康养知识、传播康养文化为主要职能，以重庆电大为主体合作单位，建立共商、共建、共管、共享的体制机制，努力建设立足石柱，服务重庆，辐射全国，康养特色鲜明，在重庆电大办学系统中发挥示范引领作用，具有较大社会影响力的康养特色学院。

创新办学育人模式，助力康养人才培养。学校以康养从业人员为培养主体，以服务康养从业人员技能提升为重点，始终把学历教育和

非学历教育作为服务“康养石柱”建设的重要双轮，“学非融合”并举，初步形成了“三对接”（学校对接产业、专业对接行业企业、学生对接职业岗位）的办学模式和“聚焦—实践—协同”的人才培训模式。“聚焦”即聚焦产业发展的需求，以需求导向设定人才培训目标和设置培训课程；“实践”即理论与实践有机结合，在培训过程中重视学员的实践实训，培养应用型人才；“协同”即培训资源要素统筹协调，优化培训资源配置，实现培训资源的最大效用。在学历教育方面，依托国家开放大学开设药学、心理健康专业，为康养产业培养应用型人才。在非学历教育方面，按照量力而行、积极作为的原则，主动争取有关部门的合作与支持，进景区、进社区、进乡村开展康养产业职业技能培训，近两年累计培训 1 900 多人次。利用社区教育网络体系，大力开展提升市民康养素质的“康养”系列培训活动，每年培训 20 000 人次以上。

树立“康养+”专业建设理念，构建课程资源体系。学校组建团队，深入乡镇（街道）、企业和康养服务机构，调研康养产业发展现状和康养人才需求。着眼“康养”内涵和土家族特色文化两大维度，以康养为主线，定位康养学院专业建设方向与价值取向。对接石柱县“6+1”（观养、疗养、食养、文养、动养、住养+康养制造业）大康养产业的人才需求，树立“康养+”专业建设理念，重点建设与石柱县康养产业发展直接相关的乡村旅游开发与管理、农产品加工与品质管理、健康管理（老年服务、母婴护理方向）、文化产业、新能源汽车技术等特色专业，正在开发《康养石柱》《风情土家》《黄水人家》《吃在石柱》等特色教材和课程资源。以非学历教育中的社区教育专业及课程资源建设为突破口，已经初步形成了“33353”专业系统，即“三贴近”（贴近社会、贴近生活、贴近时代）的专业建设原则、“三原色”（以土家文化为底色、以休闲养生为本色、以新技术应用为特色）的课程特点、三大主导专业（养生保健、休闲文化、新技术应用）、每个专业五门核心课程、形成三个项目品牌（龙河讲堂、“康养黄水”特色课程培训和“康养之星”大众评选）。

学习借宽拓展视野，开放合作助推发展。学校秉承“海纳百川、方圆共生”的理念，按照开放共赢的原则构建“1+N”多元化合作办学新模式。先后前往西南大学、重庆电大继续教育学院、四川文理学院康养产业学院、三峡医药高专、上海市崇明社区学院等院校考察学习，借鉴其成功办学经验，并与西南大学、四川文理学院康养产业学院等院校达成了项目合作共识，在康养专业及课程建设、康养产业课题研究、康养职业技能培训等方面展开合作。与西南大学合作开展了脆红李、核桃、柠檬等产业的农村专业技能人才培训。与四川文理学院康养产业学院围绕康养产业标准化体系建设，启动了康养服务标准化课题研究。与上海市崇明社区学院签订了合作协议，以“绿色、生态、康养”为主题，在绿色生态教育、非物质文化传承课程开发、民俗文化体验基地建设、社区教育助推乡村振兴战略课题研究等方面深度合作。与重庆电大继续教育学院筹备合作开展“土家”月嫂、农家乐经营与管理等专项培训。通过合作项目的实施，学校的社会影响力不断扩大，知名度、美誉度得到提高。

面向新时代，学校将以体制机制创新为动力，按照“一体多元三融合”模式建设康养学院。重点突出“1234”建设，即建设一个平台：石柱康养产业人才培养数字化资源平台；建设两个中心：石柱县康养产业人才培养课程开发中心和石柱县康养产业人才职业技能鉴定中心；打造三个品牌：集“养、学、游”于一体的康养学历教育品牌、康养职业教育品牌和康养社区教育品牌；建设四大基地：康养职业技能培训与鉴定基地、土家民俗文化传承与体验基地、大健康产品研发与培训基地和社区老年教育服务基地，努力把学校建设成为重庆市康养人才培养的“高地”和康养人才汇聚的“盛地”。

经贸学院：建构“融合互通”育人体系，打造“为农服务”办学特色

重庆电大经贸学院是一所成人高等教育与中职教育发展相结合的电大行业学院。近年来，学院以重庆电大“三融合”发展战略为指导，立足自身实际，聚焦“三农”发展现实需要，深入探索中等教育和高等教育的有效衔接，大力推进学历教育与非学历教育的深度融合，着力培养农业现代化发展、新时代乡村建设需要的高素质技术技能人才和新型职业农民，从优化办学模式、培养模式、教学模式、服务模式等方面入手，充分整合电大远程教育、中等职业教育、非学历教育的资源优势，走出了一条服务“三农”发展的新路。

明确为“农”服务定位，打造行业办学特色。经贸学院隶属于重庆市供销合作总社。为“农”服务是供销社的宗旨，学院秉承这一宗旨，确立了围绕供销社综合改革、农业产业转型升级、精准扶贫和乡村振兴开展特色办学的发展思路，形成了“一旨、二元、三融、四要、五抓”的办学特色。“一旨”即以服务“三农”为宗旨，以教育、培训、科技服务“三农”。“二元”即学历教育、职业培训两轮驱动，培养爱农业、有文化、懂技术、会管理、善经营的服务“三农”应用型人才。“三融”即远程教育与职业教育、学历教育与非学历教育、现代信息技术与教育教学深度相融合。“四要”即构建以社会主义核心价值观为基础的对人要感激、对物要爱惜、对事要认真、对己要严厉“四要”德育体系。“五抓”即建立“抓过程向教学常规要质量，抓基础向德育工作要质量，抓关键向师资素质要质量，抓创新向模式改革要质量，抓技能向实训实习要质量”的质量保障体系。通过不断探索与政府规划同步、与市场需求贴切、与企业需要吻合的“三农”人才培养机制，逐渐形成了较为鲜明的人才培养和行业办学特色。

创新人才培养模式，提升人才培养质量。构建“融合互通”的育

人体系，不断提升人才的质量和水平。一是将电大教育、中职教育、非学历教育融为一体，形成了具有大学特征、行业特质的“高中继”融合互通办学模式。二是把学院“理念先进、管理规范、师资一流、质量上乘、特色鲜明”的五个目标，“体现职教特性、强化专业特点、练就教师特长、培养学生特技、形成学校特色”的“五特理念”和“五抓质量体系”融合，形成“三五合一”互通互融的管理模式。三是依托行业企业，以校企合作、工学结合为切入点，针对不同专业进行改革探索，形成了各具特色的教学模式。例如茶叶生产与加工专业形成了“三融合小班师徒制”教学模式，农业机械使用与维护专业形成了“任务驱动型五位一体”教学模式，会计专业形成了“学做结合，理实一体”教学模式等。

贯彻中高衔接，打通人才培养“立交桥”。发挥学院三类教育融合的优势，在中职教育层面重点发展农村经济综合管理、农业机械使用与维护、农业与农村用水、茶叶生产与加工、电子商务、建筑施工与管理、会计等专业及专业群，对接电大开放教育、成人教育开展服务“三农”的高等教育，推动中等教育与高等教育的有效衔接，打通“三农”人才培养立交桥，办学规模、层次和领域不断拓展。近年来，学院的电大招生人数年均保持在 1 600 人左右，电大在校学生常年保持在 3 000 人左右，办学规模稳定。

学非融合互通，增强社会服务能力。聚焦“三农”发展对人才培养的现实诉求，一方面对学历教育和非学历教育进行统筹规划，使其在专业设置、课程开设、教学模式创新、实训资源配置等方面深入融合，既体现电大远程教育要求，又体现职业性、实践性、技能性特征，以满足新生代职业农民的需要。另一方面依托重庆供销系统的行业资源优势和学院成立的重庆市春晖农民工培训集团、重庆来仪农业产业化培训基地、国家级科技特派员创业培训基地，开展农村职业技能培训和职业技能鉴定，成为“三农”人才培养培训的重要引擎。创建重庆市机械工程学会农机分会、“SMT 校中厂”，与市供销总社、永川农委等部门合作建立培训中心，实施农村实用技术、新型职业农民、精准扶贫等培训项目，开展非学历培训 3 000 人次以上，培育新型职业农民 1 500 人，开展实践服务超过 30 000 人次，推广新技术 9 项，孵化新成果 9 项，带动 900 户农户增收，服务农业与农村发展的作用和辐射示范优势得到充分发挥。通过学历教育和非学历教育的融合互通，实现了以学历教育的办学基础和资源优势助推非学历教育开展，以非学历教育的需求特点和现实情况助推学历教育改革，长期学历教育和短期非学历教育深度融合。

运用信息技术，创建“互联网+”学习环境。一方面以现代信息技术为支撑，大力推进教学数据中心、课程资源中心、教学支持服务中心建设，加强智慧网络、数字图书室、虚拟实验室等互联网实体化基础能力建设，完善远程教育管理平台、信息发布平台、学习服务平台功能，构建一套与新型学习模式相匹配的数字化学习环境和与开放教育目标相适应的服务体系，为终身教育赋能。另一方面依托“国家数字化学习资源分中心”和重庆市“惠农网”“三农”服务综合门户网站，整合各类“三农”人才培养培训课程资源，开发“三农”人才培养优势课程和特色课程，并借助微课、视频公开课、精品课程等构建“三农”人才培养课程体系，为切实服务“三农”人员的终身学习创设良好的“互联网+”学习环境。

加强师资建设，提供人才培养保障。围绕“三农”人才培养的现实需要，大力加强专业化师资队伍建设。全面实施茶艺师工程、工程师工程、会计师工程、技师工程，铸就素养提升驱动轮。构筑大师带徒、名师引领、国培提升、企业实践、校培闯关、国际交流、学术促动、执业考证、项目历练、技能比武等十大平台，铸就技能提升驱动轮。内部培养与学院外部培训相结合，强力打造适应“三农”人才培养需要的“多师型”教师团队，为人才培养提供了重要保障。

展望未来，经贸学院将以“提升质量铸造特色”为目标，以大学能力建设为核心，以“三融合”为主线，以基础能力、专业课程、平台资源、师资队伍、治理体系、质量保障、协同育人机制建设为重点，继续深化内部改革，全面提升综合办学实力和服务经济社会发展能力，助力重庆电大转型发展和重庆开放大学建设。

教育改革篇

- 涪陵电大：以信息化建设促进信息技术与教育教学的深度融合
- 沙坪坝分校：着力加强师资队伍建设，为转型发展提供坚实支撑
- 南川分校：双教融合发力 课改助推转型
- 石柱分校：创新职业技能培训模式 助力康养产业持续发展
- 经贸学院：实施“三五合一”管理模式与“34533”督查模式提高重庆开放大学农业与农村发展学院办学水平

涪陵电大：以信息化建设促进信息技术与教育教学的深度融合

习近平总书记在中央网络安全和信息化领导小组第一次会议上指出，没有信息化就没有现代化。信息化掌握及应用的程度，成为学校软实力和竞争力的重要标志。在转型升级的实践探索中，学校充分认识到“互联网+”环境下，通过教育信息化建设，可以突破空间障碍，逐步缩小区域、城乡信息差距，扩大优质教育资源覆盖面，把优秀的教育资源送到偏远的农村去，送到基层的社区去，送到繁忙的企业去，送到学习者最需要的地方去，让更多学习者同在蓝天下共享优质教育。学校在重庆开放大学第二批基层单位试点项目研究的探索实践中，结合“两推四进”发展战略，积极提升信息化建设水平，加强信息技术自主创新和基础设施建设，提升信息采集、处理、传播、利用、安全能力，提高信息技术在教育教学和管理中的应用，推进信息技术与教育教学的深度融合。

一、健全规章制度，促进规范化管理

（一）健全管理机构

信息技术中心是学校信息化建设的重要力量，成员为信息技术专业人员，同时学校又将各学科的带头人纳入专家库，成立了涪陵广播电视大学网络信息安全管理工作领导小组，成员各司其职，定期交流，协商工作，共谋学校信息化建设创新与发展的思路，通过规范化管理，确保学校信息化建设工作有效落实。

（二）完善规章制度

根据办学实际，学校制定了信息化管理规章制度，包括多媒体设备、机房、云教室、以及学校体验中心、网络总控室等的使用制度。

信息技术中心管理人员定期对硬件设备进行检测和维修，并及时做好维护和使用记录，实现了专人负责，责任到人；制定并完善了《教师参与网上教学规定》《学生开展网上学习活动规定》等信息化应用管理制度；学校高度重视网络信息安全管理，不断完善网络安全管理制度，制定了《涪陵广播电视大学校园网络信息安全管理应急预案》《涪陵广播电视大学信息上网、上墙（LED）发布审核管理制度》《涪陵广播电视大学网络信息安全责任追究制度》等信息化安全管理制度，确保了学校网络信息的安全。一系列关于校园计算机网络管理、网络与信息安全管理、校园网信息服务管理、数据中心管理、多媒体教室管理、实验实训环境管理、教师教育技术培训、管理部门人员信息能力培训信息技术管理的制度体系，凸显了信息化建设为学校转型发展保驾护航的责任担当。

二、加大平台投入，提升信息化水平

学校高度重视信息化建设力度，保障网络环境不断改善，完善数据中心，合理配置计算机、服务器、网络、存储等关键设备，提供适合的存放环境，确保运行正常、安全可靠，满足较大规模数据处理需要。学校建设远程学习服务中心，配备与在线学习学生规模相适应的场所和设备，满足咨询、答疑等即时服务需要；建设“云教室”，实现网络条件下的远程双向高清视频和互动教学；扩充教育资源，建设虚拟实验室、实训室，形成可供学习者多样化选择的虚拟实验、实习和实践环境；完善学校信息平台，及时发布课程开设、专业设置、学习方式、评价标准、招生信息等内容；完善学生学习平台，优化功能模块，实现学生注册、学习、交流、答疑、测验、考试等一站式在线服务；完善学校管理平台，强化对课程资源、学生信息、教师信息、教学运行、质量评价、行政办公等管理，实现学校日常运转和师生教育、学习活动可监测、可分析、可调控，提高服务水平，提升管理效率；组织教师认真学习国家开放大学“六网融通”的办学理念、重庆电大“互联网+”的办学特色和“一体多元三融合”办学模式。不断提高师生的信息技术水平，推进开放大学真正成为互联网+教育的新型模式，服务学校为地方经济社会建设培养高质量实用型人才的目标。

（一）系统硬件建设

（1）精心规划校园网络布局，不断完善信息化办学条件。学校网络总控制室设在办公大楼六楼，网络联通各教学楼、办公楼。移动和电信光纤主干线连接到网络总控制室，与各分支百兆到使用者桌面。校园内线路布局合理、规范。

（2）承接市校援助，云教室发挥巨大作用。在市校的关怀帮助下，学校建成面积 120 平方米的“云教室”，可以满足开放教育环境下学习者的多种需求。它提供着海量的教学资源，使得教学资源更集中、更丰富、更前沿。云教室多形式的教学活动实现了在强大的云平台支持下，桌面虚拟化，瘦终端，降低了维护成本，提高了管理维护效率。在本地互动课堂上，主讲教师在讲课过程中，学生可通过教室的 PC、PAD 接入，教师通过具有 PC 功能的电子白板讲解，方便教师多元化方式教学。学校除将云教室作为多媒体教室进行课堂教学、非学历教育培训、学生小组讨论、微课录制、本地会议外，后期将不断拓展其功能并实现：远程实时教学、远程课堂观摩和教学研讨、远程面试与答辩和高清视频会议，使其可以支持并满足各种网络条件下的教学、会议、考试等教学业务的开展。目前云教室已经为学历教育和非学历培训服务逾 3 000 人次。

（3）改善机房条件，满足师生需要。学校多媒体机房建成惠普云桌面系统，采用主流桌面虚拟化 VDI 技术，所有计算和存储都在服务器端，虚拟桌面使用服务器 CPU，内存和硬盘不使用本地资源，并且硬件资源可动态调配，以此解决 IT 环境管理和资源灵活使用的难题。云桌面的建成实现了桌面环境和系统运行环境的分离，把用户的数据和应用都统一放在后端服务器，教师或学生可以使用瘦客户机等设备来访问虚拟桌面，从而实现桌面环境集中管理、终端零维护和硬件资源的弹性分配，能够根据教学需求设置多种机房的还原策略，保证桌面系统的纯净与稳定，同时能够提供基于账号密码的教学桌面，满足教师移动教学的需求。目前，云桌面系统已经运用于入学教育，非学历教育培训，学生网上学习支持服务，教师信息技术培训，网络试点课程考试等，并发挥了重要作用。

（4）有序推进校外信息化建设，助力学校“两推四进”战略。近年，学校分别建设了马武新农村学院、大顺学习中心、监狱学习中心等计算机多媒体教室，为学校实施“一村一”大学生培养项目、远程中职项目、农村电商培训、非学历继续教育培训等提供了强有力的技术支持保障。

（二）软件服务推进

（1）学校建设了主站和继续教育网站。学校主站是对外宣传学校，发布教务教学信息的主要渠道，学生能通过主站获知学校概况、教学计划、考试信息等。继续教育网站为学校的非学历继续教育培训提供线上教育资源，包括培训计划、培训内容、学习视频等。

（2）建设完成我校 OA 办公系统并投入使用。办公自动化系统是我校信息化建设的基础应用系统。通过该项目的实施建立了内外部通信平台和信息发布平台，实现了教学、科研、行政、后勤等管理流程的信息化和工作流程的自动化，实现了协同办公。目前已经启动公文、事务协同、文件管理、个人办公管理、学校动态管理等模块，能保证学校办公和教学文件、事务处理在网上快速完成，大大提高了办公效率，为学校管理的信息化融合打下了基础。

（3）推广了学生网上缴费系统。学生通过登陆手机 APP 或微信公众号，输入自己的身份证号就能便捷查询本人当期学杂费、补考费并轻松缴费，方便并规范了学生费用收取，提高了班级管理的效率。

三、强化支持服务，促进信息技术与教育教学深度融合

（一）组建数字化教学资源制作团队

为了构建基于信息技术的新型教育教学方式，推动以互联网等信息化手段服务教育教学全过程，加快推进智慧教育创新发展，学校成

立了教学资源制作工作室，建立了一支责任心强、技术过硬、适应信息化建设需要的精干的信息技术和维护人员队伍，确保信息系统的合理设计、科学运作，及时排解问题、处理问题。由学科带头人牵头，收集和提供素材，让熟悉电脑操作的年轻老师积极参与，工作室老师做专业技术指导，制作了一批内容丰富、贴近师生、形式多样的微课和短视频，为学历教育和非学历教育提供了生动材料。制作的作品多次参加重庆广播电视大学微课比赛，历年来获得一等奖一个，二等奖、三等奖、优秀奖多个。部分微课还被选送参加了全国高校微课比赛。学校现已制作了 29 门微课，19 讲学习方法视频，26 门实用技术视频课件，85 门 PPT 课件。

（二）加强教师信息技术水平提升培训

学校常年坚持对校内外老师进行信息技术应用能力培训，保证教师应用信息技术的能力得到持续提升，帮助他们树立教育信息化理念，增强信息化意识，提高信息化素养。以“服务学校发展，加强技术练兵”为主题的教师信息技术培训参与率达到 100%，实现教师信息技术培训全覆盖。培训内容主要有：易企秀软件的应用，PhoSoshop 软件的应用，Powerpoint 新增功能的应用，“重庆电大短信平台”应用，重庆电大网上学习考核指标体系涉及的内容和国开大学习网新增内容详解，计算机维护及办公软件应用技巧，微课制作，屏幕录制技术，图片文字识别技术，病毒防范与清除技术和大纲视图文字编排技术、学分银行注册、学习网管理、致远办公软件培训等。一系列针对班级管理和教育教学具有实用性的信息化培训，推动了校内外教师工作效率和管理水平的提高，提升了教师信息技术与学科教学的整合能力，促进了信息技术与教育教学的深度融合。2017 年度，金鑫老师《基于“互联网+”的混合式学习模式在开放教育中的实施策略研究》获重庆电大教改课题立项并顺利结题。王莹老师《涪陵农村电商效率提升研究》获涪陵区社科联社科规划项目立项并顺利结题。2018 年，余路老师的《学分银行终身学习建档与非学历教育学习成果综合登记》获重庆电大教改课题立项并顺利结题。

（三）加强对学生网上学习支持服务力度

在新生入学季，信息技术中心和教学处教师将集中对新生进行网上学习技能培训，解答学生网上学习中出现的问题；并开设信息技术电话专线，对学生在网上学习中出现的问题进行详细解答；组建学生网上学习支持服务值班队伍，全天候服务学生。增加专供学生上机学习的计算机教室，配备专门的值班教师，含周末及工作日早、中、晚对学生开放，学生可以随到随学，全力消除学生对网络学习方式的不熟悉和不适应，不断提高学生应用信息技术自主学习的能力，培养学生的信息化素养。

（四）建立校外学习中心信息技术支持队伍

学校在实施“两推四进”过程中，相继建设了马武新农村学院、大顺学习中心、监狱学习中心计算机教室，在建设校外中心的同时组建了信息技术支持服务队伍，由信息技术人员和青年骨干教师一起服务于校外信息化建设，为各类学历教育和非学历教育培训提供技术支持，除对信息化设备定期维修维护外，同时开展了信息技术培训、网络安全培训、电商培训等，在乡村旅游、农村电商培训、本土人才培训等方面发挥了重要作用。

四、信息化建设中的体会与思考

创建信息化校园，管理是关键，培训是前提，学习是根本，建设是保障，研究是动力，应用是核心，只有做好这些工作，才能真正实现以教育的信息化促进教育的现代化。我校将在实施“两推四进”发展战略过程中，根据学校实际情况，有计划地进行校园信息化建设，并在此基础上不断更新、发展，在转型发展中以信息化服务并带动全局工作。

在“互联网+”远程开放教育的背景下，信息化建设是一个基础工程，也是一个系统工程，我们正在不断探索，力求信息技术与教育教学深度融合，更好地服务于学校教育教学，服务于学校转型发展，服务于“一区两群”战略规划，服务于美丽幸福涪陵建设对人才培养的需求。

沙坪坝分校：着力加强师资队伍建设，为转型发展提供坚实支撑

沙坪坝区分校与沙坪坝区教师进修学院是实施两块牌子一套班子管理模式的学校，学校领导班子十分重视师资队伍的建设，将构建一支高素质、专业化的电大教师队伍作为沙区电大转型发展的重要任务。三年来，通过多维度、多层面的举措推动师资队伍建设，已小有成效，促进了沙坪坝区电大各项工作走上了新的台阶。

一、切实充实教师队伍，优化师资结构

三年来，学校积极争取政策、编制和资金，着力扩大、巩固电大师资队伍，新引进专职人才 2 人。目前已组建了一支拥有专职管理人员 21 人，专兼职教师 43 人，特聘 20 人的专家库教育教学团队。

目前，我校专任教师队伍中，研究生学历人员比例超过 30%，管理团队中高级职称比例达 38%，重点建设的学前教育专业和工商管理专业各有 2 名高级职称专职教师。沙坪坝区分校 2 人被教育部社区教育研究培训中心评为“全国社区教育带头人”，1 人被评为“全国社区教育能手”，1 人被重庆市社区教育服务指导中心评为“重庆市社区教育教学名师”，1 人被聘为“重庆市社区教育示范区（实验区）评估专家”。

二、有序推进师资队伍能力建设，不断提升教师理论素养和专业水平

电大教师不仅仅是主讲教师，更是互联网时代的在线教学策划师、辅导教师，这一身份的变化必然对电大教师的教学能力提出新的挑战和要求。因此，学院把电大师资队伍能力建设纳入学校建设总体规划中，进行统筹安排和整体推进，不断推进电大管理团队和专任教师成

为电大教育的优秀组织者、管理者与辅导者。学校采取的主要措施有：

（1）定期展开读书活动，提高教师理论修养。学院坚持为教师订购专业书刊，订阅专业杂志，组织团队成员多读书，读好书，通过文化浸润、思想碰撞，丰富教师的人文底蕴，提升专业素养。按照规定，每个学期每人至少阅读一本专业书籍，并在期末进行分享交流。

（2）开展主题教研和研课活动，在实践中聚焦微观。学校每月组织一次主题教研活动，教研活动呈现出“四化”特征：即教研主题化，一月一个主题；主题微型化，小切口、大引爆；微型序列化，主题构成一个序列；序列活动化，主题要设计成活动，有活动方案。学院每月推出一个专业教研话题进行交流研讨，大家聚焦主题、头脑风暴、把脉问诊、献智献策，在研讨中理清思路、深化见解、提升专业教学水平。

同时，每学年学校还将举行一次全员参与的研课活动，活动以专题讲座形式呈现，专职教师一人一讲，其余人员进行评课议课。

（3）定期举办学术论坛。一学年举办一次，主要分享微课题研究成果。学院确定论坛模式，围绕聚焦问题、提出方法、视频案例、微格分析等进行研讨。

（4）开展多层次、多形式的学习和培训。学校采取措施鼓励支持电大管理团队参加专业培训，更新教育教学理念，提高理论素养和专业水平。本着“专家请进来，教师送出去”的原则，每学年派送管理团体人员参加 1～2 次全国或市级培训，让每人都能开阔视野，增长见识，进一步提高理论素养和专业水平，对获得资格证书者进行配套奖励，截至目前，已有 4 人获得了中国青少年研究中心颁发的“家庭教育指导师”证书。

三年来，分校 21 名专职人员共完成 5 次研课展示，44 项微课题研究，32 人次学术论坛交流，3 项市校教改项目。在全校的研课活动和学术论坛评比中，10 人次获得一等奖，30 人次获得二等奖。电大教学管理队伍的综合能力得到大幅提升，并获得学校及学生的一致认可与肯定。

三、深入推行教学改革，不断提升教育质量

（1）为了促进教学与现代信息技术的深度融合，凸显互联网+教学特色，展现现代远程教育的魅力，学校要求每学期教师必须开展“三个至少”系列教研活动：即至少录制一堂微课教学视频，至少进行一门课程课件制作，至少建设一门课程的网教学辅导资源。

（2）学院不断健全教师培训制度，根据专业调整需要，鼓励教师跨专业进修与培训，完善国家、市级、区级和校本研修四级培训体系，打通教师专业发展上升通道，增强电大教师新形势下的专业应变能力。近年，已选派 3 名教师到企业接受培训或实践锻炼。

（3）切实推行信息化环境下的混合教学模式，出台措施鼓励教师探索线上与线下相结合的教学活动，努力达到线上资源的建设规格要能够实现对知识的讲解，线下有活动，活动要能够检验、巩固、转化线上知识的学习，通过两种教学组织形式的有机结合，营造“深度课堂”和“生动课堂”。在工商管理、学前教育两个专业，试点深度推进基于网络的教学习模式改革，一学期就开展了 12 次研讨会，2 次研讨课，进行课程精品化探索。

通过一系列的教学改革与实践探索，进一步提升了教师“互联网+”教学的能力，提升了学校教师的教学支持服务水平，并推动教学工作的顺利有序进行。

四、以科研为引领，助推教师专业成长

三年来，学校以“研课”为支点，坚持开展常规化、常态化、主题化、品牌化的培训项目，将专题讲座式培训与体验式培训、活动式、主题式、拓展式、交流式培训有机结合，不断提高全体专业教师、管理人员的教学业务能力和综合素质。

沙坪坝区电大管理团队近年也分别主持或参研了“互联网+背景下电大教学方式变革”等 3 个市级课题研究，分别展开教学资源建设、课程教学改革、人才培养模式改革等专题研究。

五、加大师资队伍的管理与保障

（1）改革教师聘任与考核评价。学校精准施策，对专职人员编制新的绩效考核方案，将教学能力、科研能力、管理能力提升作为考核重点。对外聘教师，则将教学质量、服务学生能力等作为考核重点，使考核评价精准地为专业建设、教育教学改革服务。

（2）建立追踪评价制度，加强工作过程督导检查。学院建立“4+1”“3+2”下校下社区的工作制度，定期下校下社区督促检查、指导各项教学工作和活动的开展，并做好过程记录。每年下校下社区至少30周以上，每周至少10人次下校下社区。下校期间，具体指导基层校点各项工作、督促教学过程开展及考试等规范进行；走访企业、回复毕业生，推进招生宣传工作；定期展开学生面授课教学方式及效果问卷调查；加强对已毕业学生的回访。根据学校教师考核奖励办法，对电大全体人员进行绩效考核，考核结果与绩效工资发放、评职晋级、评优评先等挂钩。

（3）强化经费保障。三年来，沙坪坝区分校在外聘双师型教师面授、网上教学指导、实践环节指导、微课题制作等方面共计投入30余万元，教育管理经费投入了70余万元，其中聘请全国、市、区级专家开展专题讲座8场，举办教师教学技能及信息技术培训、微课题制作培训14场。学校多次派遣电大管理人员及专职教师外出参与国开大、重庆电大、社区教育指导中心组织的转型发展研讨培训和社区教育骨干培训，参培人数近30人次，支出经费达10万。

六、对师资队伍建设的思考

目前，我校的师资队伍建设还存在在编专任教师数量不足、教学水平参差不齐、教育技术和信息技术综合应用能力不够强等一系列问题。因此，还必须结合国家开放大学的建设要求和学院自身发展的实际，建立科学有效的教师队伍发展规划，形成健康稳定的教师队伍成长机制，从而为学校的转型发展提供强大的支撑。

南川分校：双教融合发力 课改助推转型

植根区域经济社会发展需要，为建设“强富美”的新南川提供智力支撑和人才保障，人才是根本，教育是基础，教师是保障。教育是实现南川“强富美”发展目标的基础性先导性事业，加强学校教师的素质提升和技能培训，是电大转型，服务区域发展的一项十分重要的任务。

南川分校抓住南川建设国家课改示范区的契机，整合师培资源，促进学历教育与非学历教育“双教融合”，推进南川电大转型发展。近年，经教育部批准，南川成为全国基础教育课改示范区，开启了“提升课程领导力”的探索之旅。学校借助南川建设国家课改示范区的契机，在服务南川区教育事业发展的同时，拓展学校办学空间，推进人才培养模式改革，加快学校转型发展步伐。

近年学校办学以学历教育为主，形式单一，服务社会的空间狭小，如何发挥电大与进修校资源整合优势，如何促进师培（非学历教育）与电大学历教育“双教融合”发展，是南川电大转型需要解决的重要问题之一。南川分校及时抓住建设国家课改示范区的契机，积极拓展电大办学空间，发展非学历教育，变革发展模式，根据电大教育办学特点发展师资培训，在扩大办学开放和提升办学能力中促进内涵提升，实现转型发展。

一、实施“双教”双赢融合发展

（一）结合课改要求，梳理电大课程体系，探寻学非融合的路径

首先从找准学历教育课程与基础教育课改师资培训课程的结合为起点，梳理学历教育课程体系。学校重点对“小学教育”“学前教育”

"汉语言文学""计算机信息管理"等本专科专业的课程进行系统分析，抽出"现代教育思想""心理学""教育学""教育研究方法""素质与思想政治教育""终身学习与职业发展""中国传统文化概观""自然科学基础""讲演与口才""心理与健康"等10门相关课程与教师培训教材对接。

二是针对基础教育区域课改问题，借助电大课程内容开发培训课程。学校教师针对我区基础教育课程改革存在的教育教学理论薄弱、文化素养整体尚需提升、部分专业技能发展不足的问题，遴选学历教育课程的相关内容加以重组改造，开发出"现代教育思想""教师心理健康""校园文化构建策略与路径""新常态下研训一体化校本管理""从教学新手到熟练教师""创新研训思维，探究研训新路径"等一系列培训课程。通过集中授课和送培下乡的方式，对全区教师逐级分层开展培训。

（二）加强培训课程开发与信息技术利用，夯实双教融合的基础

一是借助重庆市"中小学教师信息技术应用能力提升工程项目"培训资源，开展学历教育学员信息技术应用能力提升培训，帮助他们更好地适应开放教育各专业课程学习及网上实践性环节、网考的开展，为学历教育质量提升打下良好基础。

二是围绕基础教育课程改革实验示范区创建，将学校开发的"中小学课程方案编制的问题与对策""基于供给侧结构改革的教师专业发展研究"等培训课程，利用信息技术手段，将培训课程进行录制编辑，放在学员群、学校网络平台供师生学习交流，提高运用信息技术开展教与学的能力。

三是通过主讲教师授权，将华东师大、西南大学等专家团队的"核心素养下的课程改革""基于标准的教学研究"等品牌培训专题，进行录制编辑，制作光盘，下发全区学校使用。视频文件在小学教育、学前教育、教育管理等学员集中课上进行播放学习，同时，上传至南川电大学习网络平台，供广大教师分享。

四是学校积极开展《基于微课程构建开放教育翻转课堂的实践与

探究》课题研究，在全校教师中开展“微课”“微视频”“多媒体课件的制作与应用”“互联网+与教育”“大数据时代的教育”等内容和专题的培训和实践。将学历教育课程的部分重难点内容，制作成微课、微视频、教学课件供广大学员学习。

（三）推进双教沟通融合，改革人才培养模式

学校紧紧抓住人才培养的核心因素和关键环节，逐步建立以“专业牵动、能力驱动、合作联动”为主要特征的人才培养机制和以能力为导向的人才培养模式。

一是加强“重点专业”和“核心课程”的建设。以服务区域教师能力提升为目标，重点打造开放教育“小学教育”“学前教育”“汉语言文学”三个重点专业，建设起适应区域教师专业发展的“教师教育心理学”“教育科研方法”“现代教育思想”三门核心课程。

二是加强理论学习与实践培训相结合，提升学员能力。学校积极打造“宏仁医院”“祥永律师事务所”“书院中学”“道南小学”四个实践基地，每年组织参加学历教育和教师培训的学员参加护理、整理案卷、教育教学等实践教学活动。

三是加强与知名高校等合作，开展学员高端培训。学校与西南大学、华东师范大学、教育部基础教育课程教材发展中心开展合作，聘请中国教育科学研究院院长田慧生、华东师范大学基础教育课程研究所副所长胡惠闵等知名教授，在教师培训与开放教育的相关专业学员中开展高端培训，共享 “双教”智力资源、课程资源。

二、主要成效

（一）学历教育规模大幅上升

“双教融合”发展，助力区域课改，扩大了学校的影响力，学校办学水平得到了社会认可，有效地保障了电大学历教育办学的生源。据统计，由参训教师推荐和其亲朋好友推荐的学生人数不断上升，占到了学校电大在读学生总数的45%。学校办学规模由2014年的800人，增加到了2017年的1 915人，人数翻了一番多。

（二）培养了一大批教育专才

据统计，参加我校电大学历教育提升的教师达 3 158 人，其中成为区级骨干教师的 158 人，占全区区级骨干教师的 85.8%；成为市级骨干教师的 45 人，占全区市级骨干教师总数的 87.3%；成为校长及中层干部的 218 人，占全区总数的 89.5%；成为全区名师名校长的 15 人，占全区总数的 92%，涌现出如梁正犹、陆清华等一大批在市内外教育界有较强影响力的业内专家，这些优秀师资为南川基础教育课程改革做出了重要贡献。

（三）办学的水平与质量明显提高

通过“双教融合”发力，课改促进转型，进一步提高了学校的管理水平，促进了学校师资队伍建设，提高了学校总体办学水平和办学质量，各项工作得到上级的肯定和认可。多年来，学校年度考核均获得了区教委综合考评一等奖和全市电大年度考核先进单位。

（四）为非学历继续教育培训积累了经验

抓住国家课改契机推进“双教融合发展”，为学校面向社会开展非学历教育积累了经验，促进了学校非学历教育的发展，学校已先后开展了“金牌导游”“食堂卫生管理人员”等面向行业的岗位职业技术培训二十余次，培训各类学员人次，形成了向行业、企业深入拓展的态势。

三、思考改进

（一）点滴体会

在促进南川电大转型发展过程中，我们抓住了南川国家课改示范区建设的契机，通过双教融合的路径，发展面向教师素质提升、技能提高的非学历教育培训，取得了明显的成效。打开了我们办学的视野，实现了办学理念、办学能力、办学空间的转化、提升和拓展，积累了服务区域终身学习的经验。但我们也认识到，基层电大转型发展，建设新的区域性开放大学的任务还十分艰巨，需要花更大的力气，采取更加有力的措施，加快步伐锲而不舍地去推进。

（二）存在问题

（1）师资教学能力建设尚不足。教改、转型成败的关键在人，推进“双教融合”发展，尤其是非学历教育项目的开发，对基层电大教师的能力提出了挑战。加强基层电大的人才队伍建设，尤其是适应开放大学办学需要的师资队伍建设，对于促进电大转型发展，显得特别重要。

（2）合作还需加强。电大要促进“双教融合”发展，尤其是发展非学历教育，拓展办学的空间，特别需要社会的行业、企业、单位、部门的支持和配合。只有加强开放合作，才可能拓宽电大办学渠道，实现转型发展的目标。

石柱分校：
创新职业技能培训模式 助力康养产业持续发展

党的十八大以来，以习近平同志为核心的党中央把职业教育摆在了前所未有的突出位置。党的十九大报告指出："建设知识型、技能型、创新型劳动者大军，弘扬劳模精神和工匠精神""大规模开展职业技能培训，注重解决结构性就业矛盾"。《国务院关于推行终身职业技能培训制度的意见》（国发〔2018〕11号）要求："职业技能培训是全面提升劳动者就业创业能力、缓解技能人才短缺的结构性矛盾、提高就业质量的根本举措。"全面推进终身职业培训已经上升成为国家战略，也成为教育界的重要任务。远程开放教育属于职业教育体系的重要组成部分，但远程开放教育如何与职业教育融合发展却是当前电大教育工作者应该深入探讨的重要课题。2018年，石柱康养学院在重庆广播电视大学石柱分校挂牌成立以来，学校进入了转型发展新阶段，聚焦康养职业技能人才培养，服务"康养石柱"建设，成为学校的重要办学职能。在康养产业职业技能培训过程中，全校教职工牢固树立新的发展理念，探索职业技能培训模式，初步形成了"聚焦—实践—协同"的职业技能培训模式。

一、"聚焦—实践—协同"职业技能培训模式的内涵

"聚焦—实践—协同"职业技能培训模式的关键要素有三个，即"聚焦""实践"和"协同"，其内涵如下：

（一）"聚焦"真需求，增强培训针对性

"聚焦"，即聚焦县域经济社会发展的人才需求，围绕脱贫攻坚战、乡村振兴战略、全县农业产业结构深度调整以及与"康养石柱"建设密切相关的全域旅游发展战略，以需求导向设定职业技能培训目标、

设置培训项目及课程。在实施新型职业农民培训项目中，按照县委、县政府印发的《石柱县深化脱贫攻坚深度调整农业产业结构实施意见》（石柱委办发〔2017〕74号）中关于全县农业产业结构深度调整的布局，“做大做强中药材、干鲜果和休闲乡村旅游三大主导产业”的要求，围绕高山生态特色农业区域以黄水、沙子、马武等片区乡镇为主，重点发展高山水果以及黄连、木本中药材产业和有机茶叶；中山山地特色农业区域，重点发展特色水果，同时套种草本中药材；沿江库区高效农业区域以西沱片区乡镇为主，大力发展柠檬产业。学校聚焦全县农业产业结构深度调整的需求，深入乡镇进行需求调研，确定了干鲜果（脆红李、核桃、柠檬等）种植、茶叶种植、中药材（黄连）种植、有机蔬菜种植、莼菜种植、中蜂养殖等种养培训项目和农村电子商务、农家乐（“黄水人家”）经营与管理、茶艺等休闲乡村旅游培训项目；并以培养农村生产经营型和专业技能型实用人才为目的，与西南大学、县农业技术推广中心、原商务局、旅发委等专业培训机构的专家和主管部门的业务骨干一起共同商定培训方案，确定培训课程。

在培训需求上，主要关注三个方面：一是宏观需求，即社会需求，重点领会党和政府关于经济社会发展的战略部署及其人才培养需求，这是培训需求的“天线”。二是中观需求，即组织需求，也就是乡镇、村社和企业对所在地域（园区）产业发展的人才培养需求，这是培训需求的“地线”。三是微观需求，即个人需求，也是就是个人根据自身实际（包括基础学力、职业技能水平、职业兴趣、从业愿望等）的综合研判而产生的发展需求，这是培训需求的“连接线”。只有“天线”“地线”和“连接线”三者之间匹配，才能上下贯通，成为上接“天线”、下接“地线”的“真需求”。因此，培训需求调研不能只关注社会需求、组织需求和个人需求的某一方面，必须做好“功课”，全面关注，而关键是聚焦“真”需求。

（二）体现“实践”应用，增强培训的有效性

“实践”，即理论与实践有机结合，在职业技能培训过程中重视参训贫困农民工的实践实训，在培训各环节充分体现“实践”应用。在

培训场地和组织形式选择方面，采取按需组班，送培到村社（园区），实行小班教学（每班不超过 50 人）；在培训课程设置方面，以实践性课程为主体，理论性课程不超过 20%；在培训时间分配上，现场实训的时间不少于 70%；在培训授课专家构成上，来自基层一线的专家不少于三分之二。在培训过程中，充分发挥实训基地的作用，在专家指导下，进入桥头镇脆红李产业园、龙沙镇核桃种植基地、黄鹤乡茶叶种植基地、黄水镇药用植物园、潘婆婆莼菜科技发展有限公司莼菜基地、龙沙镇有机蔬菜种植示范基地、西南大学中益乡中蜂饲养技术集成示范基地、电子商务示范园、“黄水人家”专业合作社等实训基地现场实训。在培训结束后，继续聘请本土专家对发展种养业、从事电子商务和开办农家乐的参训贫困农民工，深入任职单位或工作岗位进行跟踪指导和技术服务，帮助他们解决实际困难。

（三）“协同”推进，形成培训合力

“协同”，即遵循协同论和系统论，秉承“海纳百川、方圆共生”的工作理念，按照开放、共赢的原则，构建“1+N”多元、合作、开放的协同培训工作机制，优化配置培训资源，实现培训资源的最大效用。在培训过程中，重视从三个方面加强“协同”，形成合力，即组织管理的协同（培训项目的主管部门、承办培训的机构、接受培训的乡镇或（企业）、直接受益的村社、实训基地）、培训团队的协同（授课专家团队、培训项目管理团队、本土指导专家团队和培训学员）和培训过程的协同（培训需求诊断、理论要点讲授、现场操作实践、周期跟踪指导）。在上述资源要素的协同中，培训实施单位是协同培训工作机制中的主体，即“1”，必须充分发挥主体作用，其余资源要素是协同培训工作机制中的不可或缺和忽视的“N”，要发挥“1+1>2”的协同效应和“整体大于部分之和”的整体功能放大效应。

二、“聚焦—实践—协同”职业技能培训模式的实施要义

（一）需求调研是前提

按照国务院印发的《国家职业教育改革实施方案》（简称“职教二

十条”）的要求，职业技能培训必须以促进就业和适应产业发展需求为导向。需求可来源于多个渠道，而调研是主渠道。其核心内涵就在于通过调研资料的分析，验证调研假设是否成立，它是制定职业技能培训方案最直接的依据和指南，科学、系统、合理的需求调研能够使职业技能培训更贴近服务对象的实际需求，更具有针对性和指向性。需求调研要关注社会需求、组织需求和个人需求，在个人需求方面要关注其已有技能、个人愿望达成度、岗位服务情况、职业生涯目标、现在工作状况和满意度等。只有全方位的需求调研，才能掌握“第一手”数据，才能做到职业技能培训“量体裁衣、对症下药”。

（二）课程设计是核心

课程设计是职业技能培训的核心部分，是影响职业技能培训效果的重要因素。根据“培训—职业匹配”理论，职业技能培训的课程设计必须对接产业需求、对接职业标准、对接生产过程；根据学员能力培养螺旋递进，将职业标准与产业需求结合；根据行业专家、产业技术能手对每个岗位工作过程进行的任务和职业能力分析，对职业岗位所需的专业知识、专业技能和职业素质进行分解与重组，形成理论性课程和实践性课程，构建结构合理、切实可行的模块化课程。同时，课程设计不仅关注专业技能培训，其他诸如职业生涯规划设计、个体创业、人文修养提升、心理适应、人际交往、潜能发挥等也应纳入作为培训课程的重要内容来统筹设计。

（三）实践体验是关键

在职业技能的培训方法上，改变传统培训方法，提倡启发式、互动式和参与式的学习方法，重视实践活动，从实践中学习和总结所学习的知识与技能。针对培训重点内容，把课堂搬到实训基地，进行直观、示范讲解，让学员看得见、摸得着、学得进、记得牢，以丰富学员的实践经验。

（四）跟踪服务是长效

后续跟踪服务是职业技能培训的重要环节，是实施再培训、巩固培训效果的重要手段。由于集中培训的时间比较短，内容较多，学员回到工作岗位后，有一个消化吸收的过程。在这个过程中可能会遇到一些新的问题，自身无法解决。同时，培训也具有保鲜期，即培训过后学员有一段时间仍然处于培训的兴奋期，但这段时间过后就可能回到原样。因此，给学员提供后续跟踪指导服务，既能帮助学员解决理论联系实际过程中遇到的问题和困难，又能给学员“加油”，使他们继续保持兴奋状态，形成长效机制，巩固培训效果。

（五）协同推进是保障

协同是现代管理发展的必然要求。协同论告诉我们，系统能否发挥协同效应是由系统内部各子系统的协同作用决定的。如果一个管理系统内部，人、组织、环境等各子系统内部以及他们之间相互协调配合，围绕目标齐心协力地运作，就能产生“1+1>2”的协同效应。使职业技能培训系统整体功能发生倍增或放大，保障培训工作顺利进行。

三、“聚焦—实践—协同”职业技能培训模式的实施效果

经过一年多的实践与探索，“聚焦—实践—协同”职业技能培训模式取得了较好的效果和积极影响。

（1）从培训内容的设计效果看，参训学员在思想观念上发生了可喜转变，更具有社会责任感和使命感。

（2）从培训实践效果来看，这种融知识、能力与兴趣为一体的培训模式，深受学员欢迎。由于培训以学员需求为导向，关注学员的实践体验，激发了学员的兴趣，学员学习专业知识、技能的兴趣增强，学习态度积极。

（3）从培训课程和师资的影响结果来看，推进了课程建设及师资队伍建设。一方面，这种培训模式需要具备“双师”素质的教师，同时在培训过程中也促进了教师“双师”素质的提升，加快了“双师型”教师培养的步伐；另一方面也促进了课程的建设，实现了双赢。

实践证明，“聚焦—实践—协同”的职业技能培训模式是一种行之有效的培训模式，值得推广应用。

经贸学院：实施“三五合一”管理模式与“34533”督查模式提高重庆开放大学农业与农村发展学院办学水平

坚持深化电大教育改革，创新教学模式与评价模式，加强人才培养模式，建立一套科学的、完整的教学评价机制，调动教师教书育人的积极性，这是电大教育在转型中坚持立德树人，走内涵发展道路，全面提高育人质量的自觉追求。为此，我们抓住学院转型发展机遇，将中职教育、电大教育、继续教育“三教融合一体”，创建了“三五合一”管理模式与“34533”督查管理模式，促进了教学水平的提高，夯实了重庆开放大学农业与农村发展学院的办学实力。

重庆广播电视大学经贸学院是重庆市人民政府批准成立的一所电大+中专的一套班子、两块牌的行业电大学院。学校位于永川区红河大道北段 189 号。校园占地 230 亩，校舍面积 136 000 平方米，开设有专科专业 23 个，本科专业 16 个，在籍学生 4 000 余人，中专在校生 7 000 人，教职工 485 人（在编职工 120 人，外聘职工 365 人），副高职称以上教师占 26.5%，讲师占 52.41%；双师素质教师占专业课教师比 83.48%。学院秉承“博学强技，经世济民”校训，坚持服务“三农”的办学方向，以大学能力建设为核心，以重庆开放大学农业与农村发展学院建设为平台，以“三五合一”管理模式和“34533”督查融合为抓手，为乡村振兴提供了应有的人才支撑和智力保障。

一、实施过程

（一）建构“三五合一”管理模式

学院将电大教育、中职教育、继续教育“‘三教’融为一体”，以学历教育带动非学历教育发展，以非学历教育助推学历教育改革，形成了具有大学特征、行业特质、职教特性的“高中继”“三教”跨界融合的三教一体办学模式。将“体现职教特性、强化专业特点、练就教师特长、培养学生特技、形成学校特色”的“五特”办学理念与“抓过程向教学常规要质量、抓创新向模式改革要质量、抓基础向德育工作要质量、抓关键向教师素质要质量，抓技能向实训实习要质量”的“五抓”质量和“对人要感激，对物要爱惜，对事要认真，对技要磨砺，对己要严厉”“五要”德育融为一体，形成“三五合一”的管理体系。

（二）构建“三五合一”与“34533”融合管理模式

在总结“三五合一”教育教学管理经验的基础上，学院将“34533”督查纳入“三个五”管理内容，形成“三五管理”+“34533督导”融合的教学一体化管理模式，提高了重庆开放大学农业与农村发展学院的治理能力和管理水平。“34533”教学督导模式，即“三视导”“四关注”“五见面”“三途径”“三汇报”教学督查模式。“三视导”：一是视导管。管什么，怎么管，管得怎样，还可以怎样管；二是视导教。教了些什么，怎么教，教得怎样，还可以怎样教，三是视导学。学生学习过程中学了些什么，怎么学，学得怎样，还可以怎么学。“四关注”：一是关注学校管理制度，二是关注教师课堂效益，三是关注教师理实结合教法，四是关注学生知识技能的掌握。“五见面”：一是与领导见面，了解目标管理、教育教学存在的困惑；二是与系部主任见面，了解教师教学的基本情况，学生学习和生活的基本情况，有哪些困惑和要求；三是专业组长见面，了解专业组长管理情况，对专业教学工作构想情况，对学院管理有什么要求，有哪些困惑和要求；四是与教师本人见面，了解教师课堂实际情况，教研合作情况、学生学力情况；五是与学生见面，了解对上课教师的评价感知，对学院、对教师的要求，对自身学习的规划等等。“三途径”：一是听课，了解课堂教学情况；二是调查，包括“对话”（与教师、学生的对话），三是调阅（阅材料，如管理制度、教师的备课，学生的作业等），对获取信息进行科学分析，得出科学结论，提出建议。“三汇报”：一是综述，督查做了些什么事，做这些事的目的是什么？二是感悟，督查中发现的亮点，有哪些问题及其产生的原因？三是建议，对领导管法（精神的、物质的、制度的），对教师教法（课堂环节、备课环节），对学生学法（听课环节、作业环节、实习环节）提出合理性建议。

二、主要成效

（一）办学规模持续稳定

1. 开通人才培养直通车

学院在中职层面发展与大专有紧密联系的农村经济管理、农业机械使用与维护、农业与农村用水、茶叶生产与加工、电子商务、建筑施工与管理等专业，学生通过中专学习两年后，就读学院大专对应的专业，这样既夯实了学院中专生源，又保证了大专的生源。近三年来，电大招生人数每年都在 1 000 人左右，常年在校学生规模 4 000 人左右，学院招生工作被市电大评为先进单位。

2. 拓宽“三农”人才培养渠道

学院利用 “一集团、两基地、一中心”的平台学习资源、远程教育资源和供销行业、企业、科研院所人才资源，通过线上线下开展“爱农业、爱农村，懂技术、善经营的新型职业农民”培训，送教下乡 3 000 余人次，培育培养职业农民 4 000 人次，走出了一条中高两段教育上下贯通，学历教育、非学历教育互为支撑的“一体多元三融合”的转型发展新路子。

（二）教师素质不断提升

三年来，通过 “三五合一”管理模式和“34533”督查模式的实施，新增正高职称教师 3 人、副高 36 人，新增硕士研究生 79 人；新增重点专业、特色专业、优势专业学科带头人 17 人。有 9 名教师获重庆市骨干教师奖，44 名教师获重庆市职教基地教育名师、专业带头人、骨干教师的称号，有 3 名教师参加全国职业院校教学能力大赛获二等奖，学院领导说教学管理获市电大二等奖，两项成果获国家专利。学院师资队伍建设的经验在全国供销系统职教会上进行了交流发言。

（三）服务“三农”开辟新路

1. 加强“三农”专业建设

学院开设了以机械制造与自动化、建筑施工与管理、茶艺与茶叶营销等专业为支撑的“三农”重点专业 12 个，成人教育开设了以学前教育、电子商务（涉农方向）、计算机信息管理等专业 21 个，新申办国开大、电大成人专科农村经济综合管理、农业机械使用与维护等专业 3 个，形成了一批对接重庆经济社会发展的示范专业，引领农业与农村发展学院“涉农”专业的发展，学院“涉农”专业在读学生数占到在校生人数的 87%。

2. 丰富“互联网+”多元培训

近年来，新开发体现新型职业特征的农民庄稼医生、乡村旅游、水稻机收、果品生产、畜禽养殖、中蜂养殖、中药材种植、现代农业技术、合作社理事长、农产品经纪人、农村电商等 “互联网+”等培训项目共有 16 个，培养新型职业农民 3 929 人，培训农村实用技术人才 6 132 人，办理职业资格证书 5 213 个。重庆电视台《金色热线》栏目对学校培养乡村振兴人才进行了专访报道。

3. 服务产业成效显著

（1）以茶为媒服务国家“一带一路”倡议。

学校应邀参加重庆举办的 2017 金砖国家劳工就业部长会议，展示巴渝工匠茶技茶艺文化；随重庆艺术代表团赴德国参加杜塞尔多夫市举办的中国节茶艺茶技绝活绝技表演；随中国代表团参加蒙古国举办“感知中国”节文化活动；接待柬埔寨王国教育代表团、斯里兰卡斯里贾亚瓦德纳普拉大学来校考察交流，寻求“一带一路”合作项目，提升了重庆茶产业、茶文化的知名度。

（2）服务繁荣重庆茶产业、茶文化成效显著。

学院连续 2 届承办了重庆市人民政府、市人社局、市总社、永川区政府举办的“全国首届评茶员职业技能竞赛重庆预选赛，“巴渝工匠杯”首届重庆市评茶员和“手工制茶职业技能竞赛”，“巴渝工匠杯”第六届中国·重庆职业技能大赛茶艺大赛，为推动重庆茶产业、巴渝茶文化的发展做出了积极贡献。

（3）服务重庆乡村振兴战略成效显著。

学院与重庆市贫困地区建立校与乡（村）、系部与村（社）、党员与贫困农户、教师与贫困家庭学生的对口帮扶机制，形成了“一生一师一方案”“一生一企一师傅”帮扶模式，帮助贫困家庭学生完成学业实现就业，有效阻止贫困家庭的代际传递。与此同时，受青海省政府、甘肃省政府、贵州都匀市政府委托，定向为青海果洛州、海南州培养藏族学生240名，为甘肃培养回族学生32名。为都匀市政府培养茶叶生产与加工专业学生40名。受贵州省习水县政府委托，全面托管习水县职教中心，创建异地帮扶薄弱学校的经验，成为渝黔两地职教合作的典范。

三、思考与改进

学院“三五合一”管理模式和“34533”教学督查模式的实施有力促进了学院转型发展，推进了学院内涵发展。但也存在理论指导缺乏、办学经费不足、教师编制不足、远程教育受到挑战等诸多困难，学院电大远程教育、开放教育尚未走出低谷。这就需要我们要有更大的决心，更宽广的视野，以及创新的勇气，在习近平新时代中国特色社会主义教育思想指引下，立足开放大学实情，遵循教育规律，继续深化电大教育转型发展改革，全面提高育人质量，扎根重庆农村大地，办人民满意电大教育，为重庆经济社会发展再立新功，再创电大教育新辉煌。

特色发展篇

两江学院：
以“三进”为路径，打造“互联网+X”办学特色

为适应电大教育转型发展的时代需要，进一步探索办学新模式新体制新路径，学校于 2016 年重新定位和谋划了两江学院未来发展，自此新两江学院迎来新发展机遇，迈入新发展阶段，并于 2017 年春季学期开始按照新的模式进行管理运行及招生办学。

两年多来，两江学院坚持学校确立的“放眼世界、服务两江、融合产教、培育英才”的发展定位，立足两江新区以及重庆市发展需要，紧跟经济社会发展及人才需求变化趋势，推进教育与产业有机结合，基于“一体多元三融合”办学模式，“进园区、进企业、进社区”开展应用型人才培养，探索了“互联网+X”教育教学模式。

第一，以“三进”为路径推进办学模式改革创新。根据学校深入推进“一体多元三融合”办学模式改革探索的要求，两江学院以学习者需求变化为导向，以学习中心建设为依托，以体制机制创新为动力，充分发挥市场的基础性作用，通过与重庆知上知教育科技有限公司紧密合作，初步形成了“学院+企业”的组织体系构架及运行体制机制，坚持进企业、进园区、进社区办学，积极推进多元化发展，开创了电大教育与企业合作办学的新路径和新模式。现已在璧山高新区、曙光工业园、电子产业园、水土工业园等园区建立了学习中心，推进了办学服务体系向基层延伸，实现了送教上门。目前正在积极谋划学习中心的进一步深入发展，建立更多办学支撑点与着力点。

第二，以“互联网+X”为特色推进教学模式创新实践。基于“互联网+”逻辑，根据企业、园区、社区的各自特点与学习者需求，发挥“互联网+”、远程教育的技术优势，为学习中心打造个性化的教学模式，提供差异化的教学供给。作为办学合作单位的知上知教育科技有限公司从学习资源、教学服务、教材管理等方面提供有力支持。如璧山高

新区学习中心打造“精品讲堂”教学服务模式，以专业核心课程为基础，联合企业需求，打造“精品专题课程”，将各专业课程进行融合，面向学员、园区企业和社会学习者开放，既满足了开放教育学生线下教学的需要，又满足了企业的培训需求和市民素养提升的社会需要，取得了良好的实践效果。

第三，以“融合”为理念推进学历与非学历教育协同发展。以五大发展理念和供给侧结构性改革战略为指导，坚持学历教育与非学历教育并举，积极优化办学模式、延伸办学链条、拓展办学空间，开展应用型人才培养。在学历教育方面，以专业的职业教育服务产业需求，拓展生源市场，丰富办学形式。目前共有开放教育的在读学生 2 160 人，与中职学校合作开展中职专科衔接教育的在读学生 164 人。在非学历教育方面，构建了以职业资格培训、会议培训、职业资格证书考试培训、个性化定制培训等为主要内容的培训框架，为重庆市人社局、京东方集团等提供了定制的培训服务。经过两年多的努力，目前学历教育与非学历教育双元并进的办学格局已初步形成。

面向新时代新任务新要求新挑战，两江学院将按照学校第二次党代会作出的战略部署，以实现高品质办学和高质量学习为引领，继续围绕“创新驱动，资源整合，条块协同，重点突破”的工作原则，坚持模式创新与技术创新双轮驱动，塑造“质量、特色、能力”，遵循突出特色、错位发展的原则，探索特色化、差异化办学之路，打造“专业的职业教育、灵活的学习方式、开放的终身学习环境”，把两江学院建设成为学校“一体多元三融合”办学模式的改革阵地、重庆开放大学筹建工作的试点窗口，助力学校扎根重庆大地办好“百姓身边的大学”。

黔江电大：
“两对接”“三服务”助推绿色生态发展

近年，黔江区确立了“工业强区、旅游大区、城市靓区”的区域发展战略。从黔江绿色生态产业发展的需求出发，构建绿色生态的美丽黔江，对接地方经济社会发展的人才需求，是黔江电大的根本使命与发展任务。

2017年，学校承担了重庆开放大学第二期基层建设试点项目《调整结构，提升能力，服务武陵山区绿色生态发展》的研究任务，并以此探索重庆开放大学在民族地区服务产业发展的实践路径，通过“两对接三服务”，探索专业对接产业、项目对接技能的办学新路，服务产业发展、乡村振兴和农民致富，以此为着力点和突破口，实现电大教育服务区域产业发展的目标，为重庆开放大学建设积累服务民族地区产业发展的经验。

一、实施过程

（一）加强能力建设，适应开大办学需要

（1）积极争取多方支持，加强基础设施建设。通过本级财政、重庆电大项目资金，区教委专项经费、单位自筹等四个渠道，建设中型学术报告厅1间，小型学术报告厅3间，信息技术教室4间，多媒体教室20间。学校能同时开展150余人的上机实作培训，26个班次的分班教学培训，600余人的集中培训。

（2）高度重视信息化建设，加强网络环境建设。学校将网络环境建设放在优先地位，投入资金100余万元，建设起中心机房一间、网络教室3间、电子阅览室一间，教室基本配备了投影仪和教学电脑，每位教职工配备了办公电脑。学校信息化设备配置到位，有台式电脑

250 台、1 000 M 交换机 9 台、网络服务器 2 台、考试专用服务器 6 台，上网行为管理设备 1 台、三层核心交换机 1 台、投影仪 6 台、LED 显示屏 1 块。接入互联网主干宽带 50M，保证了全校教师、学员在学校能时时处处利用网络进行学习、辅导和交流。

（3）引进和培养结合，加强人才队伍建设。学校在全市范围内公招了 5 名大学本科以上学历的优秀毕业生，其中硕士研究生 1 人，计算机应用基础专业 2 人，充实和优化了学校的师资队伍，同时通过“请进来”“走出去”的方式，加强教师队伍培训力度，请重庆电大资源中心的段玭老师两次到我校，进行为期两天的微课制作培训。鼓励教师参加各种培训，教师年接受培训人均 201 学时。每年开展微课大赛，提升教师信息化下的教学能力和素质，满足了转型发展对师资队伍的信息素养要求。

（二）专业对接产业，助推绿色生态发展

（1）学历教育立足地方经济发展，着力专业对接产业。特别是新开设专业，力求做到专业对接产业，助推我区绿色生态发展。如开设电大法学、行政管理、农村行政管理、农村经济管理、畜牧兽医等专业，并根据地方经济社会发展新增旅游管理、计算机信息管理、汽车运用与维修技术专业，对接我区产业发展对人才的需求；与西南大学联合办学，开设农学、园林、园艺专业；与重庆大学联合办学，开设土木工程、工程管理、工程造价专业，为我区农村种植业、养殖业，旅游业，乡村运输业、乡村建筑业发展，培养了一大批实用型专业技术人才，为我区绿色生态发展提供智力支撑和人才支持。

（2）梳理课程体系，打造基于绿色生态的特色课程。着眼于“服务产业发展”“服务乡村振兴”“服务农民致富”的“三服务”思路，找准学历教育课程与黔江绿色生态发展的结合点。学校重点对“农村行政管理”“农村经济管理”“畜牧兽医”等专业的课程进行分析，抽出“农村经济管理”“种植业基础”“植物生产技术”“养猪技术”“农业经济基础”“农村政策法规”“实用法律基础”“信息技术应用”等与绿色生态发展紧密关联的 8 门课程，作为体现“三服务”的课程对接职业农民培训，重点打造“种植业基础”“植物生产技术”“动物常见病防治”“养猪技术”等4门特色课程。

（3）强化特色专业建设，助推绿色生态产业的发展。在试点中，学校重点建设农村行政管理、农村经济管理、畜牧兽医三个专业，得到了区委、区政府充分肯定，并在政策、资金上给予大力支持。区委组织部出台专门文件，给各乡镇街道分配2～3个名额，从符合报读条件的村支两委，农村产业带头人、致富带头人中推荐，并经区委组织部审定后确定就读人选。截止到2017年，区财政每年划拨专款给予每生补贴学费 2 000 元，学校安排责任心强、管理经验丰富的教师担任班主任，安排教学经验丰富的高级讲师担任基础课辅导老师，在区农业农村委、区畜牧中心聘请专业知识扎实、实践经验丰富的业界精英担任专业课辅导老师。这三个专业不仅师资配备强，而且注重培养实用型人才，通过实践基地定期开展实践教学，强化理论与实践高度融合，促进理论知识向操作技能的转化，达到理实一体化发展，帮助学生解决工作中的实际问题，使之真正适应绿色生态产业发展的需求。

（三）项目对接技能，助力农村经济发展

项目试点发力非学历教育，围绕农村劳动力转移、农村实用技术对农民开展培训，着力项目对接技能，推动农村经济的发展。

（1）结合产业扶贫，建设好乡村图书室。我区马喇镇印合村是我校的责任帮扶村，学校结合项目试点对该村实施产业扶贫，引导农民发展辣椒、玉米、蚕桑三大产业，自筹资金 6 万元购种子、桑苗、化肥，分发农户。同时加大智力扶持力度，赠送《种植业基础》《现代农业新技术》《植物生产技术》《养猪技术》《动物常见病防治》《饲养与饲料》《农村政策法规》《实用法律基础》《信息技术应用》《网络实用技术基础》等专业科普读物100余册。购买《优质猪健康养殖技术》《高效养羊技术》《蚕桑生产实用技术》《种植栽培大全》《玉米病虫害诊治图册》《辣椒高效栽培》等农村实用技术书籍230余册，充实印合村的乡村图书馆。

（2）开展技术培训，提升农民种养技能。学校充分发挥农村行政管理、农村经济管理、畜牧兽医三个特色专业的办学优势，开展送技术下乡活动，分别以“辣椒的种植”“玉米的种植”“蚕桑病虫害的防治”“养猪技术”“动物常见病的防治”“农村电商”为主题，在印合村举办农村实用技术培训。通过培训，让农户掌握辣椒、玉米、桑树的种植技术和养蚕养猪技术，使农作物的产量稳步提高，农民收入稳步提升。

（3）开展农村劳动力转移培训，提升农民工整体素质。农民工外出打工收入，是普通家庭收入最重要的来源，也是脱贫致富最有效的路径。因此，学校十分重视农村劳动力转移培训，主要措施是整合自身办学的优质资源，在印合村举办了农家乐、生猪养殖、家政服务等技能培训，提高从业人员的技能水平，有力促进了农村劳动力转移。同时把信息技术、电子商务、劳动合同法、农民工如何维权等内容穿插融合到各类培训中，有效提升了农民工的素养。

（四）实施“1+X”人才培养项目，助力乡村振兴

为深化两对接三服务，助推绿色生态发展，我校充分利用“一村一大”的办学经验，结合精准扶贫要求，与马喇镇党委政府开展校地合作，依托国家开放大学一村一名大学生计划项目，联合举办“1+X”的专科学历证书加多个职业技能证书的人才培养项目。2019秋，乡村振兴“1+X”人才培养项目马喇实验班正式启动，专业方向为农村经济管理，共招收学生36名，其中马喇镇27名，学生主要来自贫困村村组干部、农村产业带头人和农村个体经营者。我校和重庆大学网络学院共同出资17.5万元，为实验班配备了30台电脑，1台投影仪，极大地方便了学生的学习，直接将大学办在了老百姓身边。该班施行保姆式教学服务，采取学习费用全免，党员教师一对一助学帮扶学员等措施，着力培养农村实用型人才和致富带头人，为助力我区乡村振兴和脱贫攻坚工作做出积极贡献。

二、取得成果、成效及推广情况

（一）学历教育规模稳步提升

项目试点过程中学校拓宽了办学渠道，培养地方急需人才，学校

办学水平得到了社会认可，扩大了学校的影响力，有效地保障了电大学历教育办学的生源。2017 年，学校全年招生 1 791 人，规模达 3 575 人，创下历史最高记录。绿色发展相关专业的毕业学员、就读学员、培训学员，占在读学生总数的 65%。

（二）培养一批绿色生态专技人才

的行政管理、农业经济管理、畜牧兽医等三个面向“三农”的专业，在黔江区委、区政府的高度重视和各部门的大力支持下，截至 2018 年春期已招收学员 1 562 人，全区 219 个行政村（社区）每村 6 ~ 8 人，毕业生 1 022 人，每村 4 ~ 6 人。据不完全统计，在全区村社干部中，电大毕业或在读的学生 818 人，占 90.5%。近三年，全区从村组社区干部中招考镇乡领导干部共 15 名，其中电大毕业生 10 名，占总数的 67%。在毕业生中，还涌现出了一大批产业带头人、致富带头人，他们为黔江农民致富、乡村振兴做出了重要贡献。

（三）助推学校帮扶村脱贫致富

在帮扶村，学校结合试点项目实施产业脱贫，免费为农民提供种子树苗，指导印合村农户种植红海椒、糯玉米、栽桑养蚕。开展与这三大产业紧密相关的农村实用技术培训 12 次，培训农民 2 166 人次，参加培训 690 户，占农业户数的 97%，101 名建卡贫困户全部参培。全村种植红海椒 300 余亩，糯玉米 350 余亩，栽桑 500 亩；产量分别为 30 万千克、7.5 万千克、600 担，效益较为显著。

（四）学校办学水平和质量明显提高

重庆开放大学基层建设试点项目的实施，进一步提高了学校的管理水平、促进了学校师资队伍建设、提高了办学水平和办学质量，学校各项工作得到上级的肯定和认可，2017 年，学校被重庆电大评为全市电大教育工作先进单位，2018 年 4 月，学校荣获全市电大系统转型发展成果优秀案例奖。

三、体会与思考

（一）点滴体会

在项目实施中，学校学历教育接地气，紧跟区域经济发展，围绕绿色生态做文章，得到了区政府的关心支持，通过打造特色专业，扩大了办学规模，提升了学校的社会贡献力。非学历教育利用学历教育资源，特别是特色专业的办学优势，在学校帮扶村实施农村实用技术培训，取得了明显成效。我校在促进转型发展的同时打开了办学的视野，实现了办学理念、办学能力、办学空间的转化、提升、拓展，积累了学历教育与非学历教育融合发展的经验。但我们也充分认识到，建设新的区域性开放大学的任务还十分艰巨，还需要全校教职工凝心聚气、上下一心，共同为学校的发展贡献力量。

（二）存在问题

（1）师资不足。推进“两对接三服务”成败的关键在师资队伍，尤其是非学历教育项目的开发，对基层电大的教师素质和技能提出了更高的要求。由于我校 80%的教师都是毕业于师范院校，他们长期从事理论课教学，非学历教育项目的开发能力明显不足，尤其是能够开展各种技能培训的专业教师还相对缺乏，已成为学校转型发展的瓶颈。加强适应开放大学办学需要的师资队伍建设，对于我校转型发展非常重要。

（2）体制不畅。发展非学历教育，开展各种短期职业技能培训，基层电大深感不易，特别需要得到区级各相关部门、行业企业支持和配合，因此，建立健全政府购买培训服务和合作办学的促进机制，还应进一步地深入探索。

涪陵电大：校地企合作建设乡村振兴学院

为满足乡村人民群众日益增长的文化及美好生活需要，进一步提高村民的文化素质和职业技能，涪陵广播电视大学积极探索转型发展之路，提出并实施“两推四进”发展战略，紧密结合地方乡村振兴战略发展规划，将进乡村（社区），服务乡镇（街道）作为重要抓手，率先推进“电大教育进乡村”工程，与马武镇党委、政府达成共识，在重庆市从古到今农业发展有限公司的强力资助下，经过多方支持与全面协作，全面建成了高标准的新农村学院——涪陵电大马武新农村学院，并以此为依托，积极推进涪陵电大乡村振兴学院建设。建设乡村振兴学院，是涪陵广播电视大学探索开放大学校地企合作发展新模式，促进电大转型发展，推动涪陵区乡村振兴战略实施的一次大胆尝试。

学院由涪陵广播电视大学、马武镇人民政府、重庆市从古到今农业发展有限公司联合办学，先后投入资金近 1 亿元，建成占地 1 000 亩，集学历教育、短期培训、科学研究、拓展训练等为一体的新型成人教育学校。学院是涪陵区乡村应用型技术人才培养的重要基地，终身学习型社区建设的重要支撑。

一、夯实基础办乡村振兴学院

涪陵电大马武新农村学院按照开放大学基层学院标准来建设发展，力争修好“大楼”，引进“大师”，建好“基地”，做好“研究”，建成西部一流，服务乡村发展的乡村振兴学院。在“大楼”的修建上，完成了教学综合楼、实训楼、宿舍楼建设，按照实用、够用的要求，不断推进办学功能室建设，先后建成学术报告厅 2 间，不同规格的培训教室 10 间，网络教室 2 间，教职工办公及教学教研活动室 18 间，保证培训教学需要。在“大师”的引进上，学院根据乡村振兴人才培养的要求，按照“不为所有，但为所用”的原则，聘请了一大批了解乡村实际，熟悉基层工作，实践经验丰富的基层干部和现代农业技术人员作为学院的专职或兼职教师，与此同时，根据不同的培训要求，还聘请了一批市内外知名专家、学者作为学院客座教授，定期到校授课。如团中央农村工作部青年中心处处长郭启华、上海青干院张恽副院长、浙江遂网电子商务有限公司运营总监王宏俊、西南大学农学专家王季春教授、西南大学政府危机干预专家王卫红教授、重庆师范大学社区社会工作专家王丹丹教授、全国道德模范马善祥、国家级导游大师郑立冰、乡村振兴报告团团长杨大可、成都战旗乡村振兴学院名誉院长高德敏等作为学院兼职教授，参与学院培训教学工作。在“基地”的建设上，重视实习实训场地建设，先后建立了拓展训练基地、种植实训基地、养殖实训基地、乡村旅游观光示范教学基地、中国乡镇散文学会创作基地、乡镇农耕文化展览馆、马武将军文化展览馆、乡镇古今散文陈列馆等，这些基地为学院教学实训、科学研究的顺利开展提供了保障。在办学“研究”中，一方面加强进村入户调研，了解农业现状、农村实际、农民需求，不断调整教育培训服务的内容及方式方法。另一方面聘请市内外专家，加强学院办学模式探索的指导。

二、面向乡村探索电大开放办学新模式

涪陵电大乡村振兴学院充分利用国家开放大学、重庆广播电视大学及涪陵广播电视大学的教育资源，发挥涪陵广播电视大学作为全国示范性基层电大的办学优势，紧密结合涪陵乡村人才振兴发展规划，以培养乡村文化建设、产业转型升级和公共服务发展需要的高素质技术技能型人才为主要目标，努力为建设“村村优美、处处和谐、人人幸福”的美丽乡村，培养助力乡村文化建设、生态文明建设、乡村产业发展的实用技术人才，为涪陵区乡镇经济社会发展提供智力支撑和人才保障，为乡村居民素质提升、职业发展提供终身学习的机会和条件。学院围绕“立足涪陵，辐射周边，面向全市”的办学宗旨，坚持“服务发展，服务大众，服务基层”的工作理念，突出“精细管理、提

升素质、培养技能”的教育教学管理要求，不断改进讲授式教学，广泛运用案例式、模拟式、体验式教学方法，加大实践教学比例，重视教学的针对性和实用性，增强师生互动，进一步提高广大村民文化水平和职业技能，为乡村振兴战略的实施提供人才保证。

学院通过建立学费减免及培训奖励机制，在周边区域实施“一村一名”大学生培养计划，开办农村行政管理专业大专班。近年来，面向马武、白涛、大顺、大木、武陵山等乡镇举办“一村一”农村行政管理专业大专班5届，共计招生300余人，实现了重点乡镇的村（居）委干部、种养专业大户、致富带头人、骨干农民等学历提升教育的全覆盖，加强了乡镇基层本土人才的培养。同时，学院作为涪陵广播电视大学实施“两推四进”战略中重要的校外办学基地，不断服务于全区各乡镇（街道）、各行业部门的多种教育培训，先后承接了区民政、农委、组织、档案、妇联、团委、港航、扶贫等系统及行业部门的培训任务88期，培训学员累计达10 000余人次。

三、勇立潮头，服务地方经济社会发展

学院创新乡镇基层人才培养模式，积极探索“互联网+”教育新模式，加强远程教学平台建设，广泛推进移动学习，并协同马武镇、大顺乡、大木乡人民政府建成辐射全乡（镇）各村（社区）的网络视频会议系统，推广实用技术、搭建电商平台，并依托该套系统建成覆盖全镇各村（居）委的基层学习中心，完善学习网络，推进学习培训工作的全面深入开展。

学院成立以来，立足马武镇，在做好马武镇及周边区域乡镇农村基层干部及骨干农民培训工作的同时，不断向区内外辐射，先后开展了重庆市第五届城市运动会志愿者培训、世界银行贷款涪陵区农业项目培训、重庆市“雨露计划”农民技工培训、涪陵区村（社区）党组书记培训、涪陵区村（居）委主任培训、涪陵区农村基层党员示范培训、涪陵区农村基层本土人才创业专题培训、涪陵区农村电商技能培训、涪陵区乡镇街道及园区档案人员培训、涪陵区景区导游（讲解员）

专题培训、涪陵区优秀女村官培训、涪陵区基层团委书记培训、涪陵区乡镇（街道）扶贫干部专题培训、涪陵区农村致富带头人专题培训、涪陵区农民专业合作社带头人专题培训等。此外，学院还参与了重庆市远程非全日制中职教育改革的试点探索工作，被市教委、市电大批准成为全市首批远程非全日制中等职业技术教育试点基地。学院深入马武镇各村社，延伸到大顺乡、南沱镇及涪陵工业园区、武陵山旅游园区、涪陵监狱等开展职业技能培训，关注基层一线劳动者和监狱内服刑人员的职业技能需求，举办了现代农艺技术、农村经济综合管理，旅游服务及管理、电子商务、电子技术应用、机械制造技术、建筑工程施工七大专业培训，组建了一支专业化的远程非全日制中职教育管理团队，有序推进电大远程中等职业技术教育服务乡镇街道、工业园区和特殊人群，目前已经举办三届远程中职教育，服务学生达 2 465 人，各项培训管理及考核数据均位居全市前列。

办学几年来，涪陵乡村振兴学院已成为涪陵广播电视大学服务“三农”的特色平台，也成为马武及周边乡镇乡村文化建设、居民终身职业发展的重要基地，特别是通过 “一村一”大学生项目实施、乡镇及行业部门专业技术人员培养、远程中职项目的试点，探索了电大教育服务基层的路径和方法，助推了涪陵广播电视大学“两推四进”战略的实施，为地方乡村建设及城乡融合发展提供了智库，在全市电大系统中也发挥出了转型发展、体系建设、三方（校地企）合作、服务乡村振兴、脱贫攻坚的示范引领作用。

家住马武镇方碑村的村民魏冬梅说：“电大办在家门口，圆了我大学梦，我利用电大学习平台学会了很多东西，特别是学院举办的各种农村实用技术专题讲座，我几乎每期都参加，我边学边干，建了草莓园、葡萄园，承包了鱼塘，也开了淘宝店，搞了农家乐，现在生意红红火火，我也成了全镇的致富带头人。”近几年来，马武镇地区生产总值、农业总产值、工业总产值、农民人均可支配收入均实现了较大的增幅，在全区 26 个乡镇街道中排列位居前列。特别是近几年，通过学院的引领带动，全镇学技术、转观念、谈致富、比发展蔚然成风，外出打工的回来了，投资发展的进来了，旅游观光的赶来了，学院成了周边区域学习、培训的基地，也是观光旅游的圣地。同时，也带动了马武镇乡村旅游及经济社会的发展，全镇乡村旅游成效凸显，通过梨花节、油菜花节、采果节、采莲节等活动及古今花海顺利开园，累计接待游客量超 40 万人次，直接产业消费收入 4 000 万元以上。涪陵乡村振兴学院的建设，助推了马武镇及周边地区人才的培养、观念的更新，有力地促进了乡镇经济社会的发展。

永川电大：
基层电大转型开放大学建设中存在问题与对策思考

一、基层电大转型开放大学的发展背景与现状调研

2010 年教育部在《国家中长期教育改革和发展规划纲要（2010—2020 年）》中首次提出要借鉴国外开放大学发展模式来推进中国开放大学建设。2016 年，教育部出台了《关于办好开放大学的意见》（下称《意见》），正式就开放大学的发展目标、建设模式、保障机制等做出了详细部署，要求到 2020 年初步建成中国特色的开放大学体系。2017 年，教育部在其颁布的"十三五"计划中要求有条件的省级电大，按照 2016 年的《意见》扩大开放大学建设试点范围，力争将开放大学建设成为开放教育的主力军，为学习型社会建设服务。

时间现在已经到了 2020 年，但从开放大学的建设推动和实际发展情况来看，除了 2012 年中央电大改制成为国家开放大学，云南、北京、上海、广东、江苏五个省级电大改制成为开放大学外，目前尚无其他省级电大成功转型或改制，更不用说其他的基层电大。虽然这 5 所开放大学经过近 8 年的建设，也为整个电大系统的转型做出了很多有益探索提供了一些宝贵经验，但不可否认的是，受整个教育改革及社会环境变化的影响，这么多年来各级电大在向开放大学转型的过程中仍然受到诸如政策、体制、机制、软硬件条件等很多因素的制约，存在很多亟待解决的问题，也是我们本次研究的主要方向。

为了更好地完成本次课题研究，掌握一线数据和真实问题，我校组织了以校长亲自牵头，科室负责人积极参与的大科研团队。从题目的确定、框架的搭建、数据的分析到最终的报告撰写和反复修改，都群策群力集体打磨。在报告撰写前期，先通过实地走访和电话调研了包括荣昌、大足、铜梁等在内的五所基层电大，就基层电大的发展转

型问题进行了集中探讨，并设置《基层电大学习者对开放大学转型发展认可度》的调查问卷，通过网络问卷的方式对在籍学员开展调研，共收回问卷 1 400 余份，为后续研究梳理基层电大在转型开放大学建设中存在的共同问题提供了有力的数据佐证。现将基本研究情况梳理如下。

二、基层电大转型开放大学建设中存在主要问题

（一）原有二元制管理体制制约的问题

我国拥有世界上最大的广播电视大学系统，目前电大系统已经构建了一个覆盖城乡、集合办学和教学资源为一体的综合体系，是全球最大的开放教育系统。但目前在电大系统中占主导的仍然是系统内部的纵向办学指导权与横向政府管理权分离的二元制管理体制。二元制管理体制的存在，基层电大一方面受限于上级电大的办学指导和业务管理，在招生计划、专业设置和相关教学管理上缺乏应有的自主权，无法积极融入地方政府统一的教育规划管理，无法更好地服务于当地经济社会发展和满足当地学习者的个性化需求；另一方面导致基层电大在办学属性和法律地位上处于制度缺失状态。政府参与基层电大发展和转型的积极性不高，在相应的政策配套和经费支持上存在很大的随意性和差异性。基层电大在当地教育管理中被边缘化，甚至在地方政府主导下与一些地方职业院校、成人高校、或其他行政机构合并。从我们走访和调研的情况来看，几所基层电大基本上都是合作办学的模式，从属于区内职业院校或相关行政管理部门之下，行政级别从正处到副科都有，甚至个别基层电大仍无自己的办学实体和专职教学管理队伍。以永川电大为例，从党校分离后，又被并入区教委，成为教委下面的一个二级办学单位，行政级别降低，甚至比不上区内直属中学的办学级别，办学地位和受重视程度与国家教育规划对开放大学的定位极不相符，后续发展受制明显。

（二）在开放教育市场面临竞争的问题

近 10 年，随着信息技术的快速发展以及网络教育政策的开放，我

国开放教育呈现多主体办学的局面，开放教育不再是电大与开放大学的“专利”，甚至在激烈的市场竞争中也没有太明显的优势。特别是2014年，网络教育政策的调整，更多的普通高校、社会教育机构、互联网企业进入开放教育，一些优质在线教育机构利用其技术优势与普通高校合作，为广大需求者提供了更多学历和能力提升的平台和途径，开放教育市场进入重新洗牌的格局。再加上电大开放教育自身存在的一些问题，比如学习管理模式相对单一，技术支持服务手段略显滞后，学历提升与能力建设脱节，文凭含金量和社会认可度逐年降低等，这些都已经成为影响电大发展和转型的重要短板，如果不能及时得到有效解决，将会导致整个电大系统的生存危机。在收回的问卷中，“影响您对国家开放大学学历教育作出是否满意的整体评价的主要因素”，排在前三位的分别是，学历证书是否被广泛认可和接受（占比86.73%），专业设置和课程安排是否优质实用（占比68.55%）和个人能力能否得到有效提升（占比 63.51%）。这几个选项所折射出来的恰恰是目前自上而下的电大系统存在的共同短板。

（三）基层电大转型中内涵建设的问题

在走访调研过程中，我们发现目前相当一部分基层电大对继承和发展问题认识不够深刻，仍然认为电大转型不过就是“新瓶装旧酒”，没有从根源上认识到转型发展的重要意义和找准转型后的发展方向。目前基层电大 90%以上的业务仍是停留在学历教育上，非学历教育的探索和尝试大部分进展缓慢或收效甚微。

在学员认可度方面，针对调研问卷中“您是否知道国家开放大学是2012年由中央广播电视大学转型过来的”这一问题，仍有接近20%的学员选择了“否”，也从一个侧面表现出电大转型发展的社会知晓度不是很高。在“您希望转型后开放大学的基层教学点提供的教学管理和支持服务有什么样的新变化”一题中，排在前三位的选项分别是，“信息化建设进一步加强，满足学员日益增长的学习需求”（占比79.51%）、“完善办学基础设施，软硬件配置要凸显开放大学特色”（占比75.7%）和“注重本区域内的资源整合和共享，为在校学生提供更多的学习实践平台和就业机会”（占比 71.27%）。这些其实都是学员从加强基层电大自身内涵建设等方面提出的期望。基层电大社会地位认可度不高、文凭含金量不够、在开放教育市场竞争力受挫等一系列问题的产生根源其实就是系统内部自身能力建设和内涵建设不够所导致的。

三、基层电大顺利转型开放大学发展的对策思考

（一）找准一个定位

在收回的问卷中，“和其他普通高校、高职院校相比，您觉得开放大学最吸引您参加学习的原因是什么”，其中排在前三位的选项分别是，学习时间、学习方式灵活方便（占比 96.32%），网上课程资源丰富，方便随时随地自学（占比 75.22%），课程考核相对灵活，难度不大（占比 68.35%）。选项中所凸显出来的全民学习理念、终身教育体系，开放共享的教育资源，时时处处人人的学习模式，其实就是开放大学的基本特征。所以，以终身教育思想为引领，树立开放、灵活、优质、便捷的办学理念，充分运用现代信息技术，构建学习型社会和全民终身教育体系的开放大学建设，就是国家给予电大发展转型的基本定位和努力方向，也是所有电大人面临的共同历史机遇与时代挑战。

（二）理顺两大关系

一方面进一步理顺各级电大与当地政府的关系。从行政从属逐步走向自主办学。既要积极融入当地教育发展的整体规划，围绕区域发展的重点领域和中心工作制定发展规划和战略，积极争取相关政策和经费的配套支持；更需要各级地方政府从法律上保证开放大学独立自主的办学地位和级别身份，尊重电大面向市场办学的运行规律，在一定程度上给予基层电大更多人财物的自主权。另一方面协调好电大系统内部的关系。系统内部要有统有分，逐步形成系统集成与区域创新协调发展的合作模式。比如在相关专业设置、特色课程建设、非学历教育探索等方面，支持基层电大积极开发并推广适合本地区经济社会发展的开放教育类产品，赋予基层电大更多的办学自主权，提升整个开放大学的办学活力；逐步理顺从中央到基层的各级利益分配机制，

探索有激励效应的动态分配制度（如借鉴奥鹏教育费用管理办法，考虑按照基层电大规模大小确定上交费用的基数或比例，在一定程度上为基层电大留存更多发展资金），提升基层电大参与转型发展的积极性。

（三）树立三种观念

一是树立继承与发展并行的观念。我们必须深刻认识到基层电大向开放大学转型绝不仅仅是简单的翻版和更名，而是整个社会发展对全民终身教育的需求，是信息技术与教育资源深度融合的需求，更是电大自身发展的需求。开大源于电大，新于电大，高于电大，也必将强于电大。二是树立规模与质量并重的观念。如果说规模是电大发展的生存线，那么质量则是电大发展的生命线。基层电大要规模，更应该要规范与质量，在实际运行过程中，一定要妥善处理好二者关系，坚决摒弃只顾眼前利益的各种“短视”行为。三是树立学历教育与非学历教育并举的观念。构建终身教育体系，建设学习型社会是国家推进电大转型开放大学的初衷，学历教育和非学历教育是开放大学的两条腿，要并重并举，齐头发展，其中任何一条腿发展不平衡，开放大学的顺利转型和高质量发展就无法得到切实保证。当然非学历教育包括的范畴广内容多，当前各基层电大主要以参与当地社区教育为切入点，探索推进非学历教育的开展，但在实际推进过程中，仍然存在着主体地位不突出，成效发挥不明显等诸多问题。在问卷调查中，“在以下哪些非学历教育领域，您会首先选择开放大学进行学习和提升”，其中排在前三位的选项分别是,专业技术人员的继续教育(占比 89.18%)，短期职业技能培训(占比 74.04%)，新型农民职业培训(占比 48.88%)，这个需求比例也给基层电大发展非学历教育提供了更多的探索和创新方向。

（四）搭建四类平台

一是搭建合作办学平台。在当前管理二元结构体制上不能完全改革的前提下，我们可以尝试借鉴英国开放大学的共同体发展模式，形成一个多元化主体参与的共建共享的开放性教学共同体，由政府、系统、行业和社会机构等多元力量共同参与，按照发展统一、平台共建、资源共享、相对独立而又特色突出的基本原则建立一个权责清晰、层次分明、分工合理的组织体系。二是搭建资源共享平台。通过联盟共建等方式，加快与各类高校、高职院校、高水平在线教育平台等共建共享线上数字资源平台和线下实践实训平台，充分实现区域资源的最优化配置和最大化使用。三是搭建成果转化平台。基层电大要真正使用好学分银行这个成果转化平台，让学习者在正规教育和非正规教育过程中获得的学分、证书、工作和生活经验及技能等都能通过这个转化平台发挥最大限度的作用。也可以积极对接区域内的合作平台，探索通过签订内部协议或建立教育联盟等方式，推进相互之间学习成果的互认互用。四是搭建对外宣传平台。积极主动参与地方经济发展建设，重视社会声誉的提升和维护，利用有利契机对开放大学的发展现状、特色优势、战略规划等进行积极地对外宣传，提升区域内的社会知名度和美誉度。

在我们的调研问卷中，“您认为转型后开放大学最应该加强哪些领域的合作办学”一题，排在前三项的是区域内重点发展行业与企业（占比 80.32%），高校和高职院校（占比 77.21%），各类线上教育和平台机构（占比 64.03%）。“除了学历提升，您更希望通过开放大学的学习收获哪些”一题，排在前三位的分别是工作能力的提升（占比 88.78%），就业机会的提供（占比 86.61%）和自我价值的实现（占比 79.31%）。由此可见立足本地优势资源和发展现状，搭建合作平台，实现最大限度地资源共享，畅通成果转化互认，真正满足学员自我成长，也是所有基层电大转型发展必须坚持的原则和方向。

（五）凸显五项特色

一是凸显精准有效的课程设置特色。引导和扶持有基础的基层电大，围绕当地经济社会发展，服务于学习型社会建设需要，结合地域发展优势，建设一批特色专业、重点学科、对口实践基地和合作共建平台，做强开放大学学历教育品牌，促进非学历教育的有序推进。二是凸显专业优质的管理服务特色。转变基层电大教师角色和管理观念，注重培养既懂现代教育技术，又懂开放大学教育规律的助学咨询师和学习辅导教师，提升基层电大教学支持服务水平。三是凸显多元融合的师资队伍特色。多途径多岗位多层次多领域地配齐专兼职教师队伍，充分吸纳现有最新的教学理念和技术，凸现多元、开放、融合的开放大学办学特色。四是凸显先进便捷的信息技术特色。持续发挥开放大学在信息技术与教育教学深度融合的既有优势，不断促进人工智能、大数据、区块链等行业领先技术与开放大学在各类资源建设上的合作，保住开放大学在开放教育市场“领头羊”的地位。五是凸显开放和谐的文化建设特色。突出以人为本的办学理念，持续加强开放大学的文化建设，一方面通过具有开放大学特色的校徽、校训、校歌等外在文化标识的统一建设，增强学员的归属感，提升社会认可度。另一方面，要注重融入教育全球化的国际趋势，在国际化教育交流和合作中凸显出这所“最大的中国大学”的中国元素和中国精神。

开放大学建设是国家教育体制机制改革的大胆探索，更是一项复杂系统的社会工程。各级电大在探索发展转型的过程中都务必要立足发展实际，以改革创新的精神，着力解决好人民日益增长的美好生活需要和不平衡不充分的继续教育服务之间的矛盾，顺应新的历史方位和时代需求，真正把基层电大建设成为服务地方经济社会发展，满足市民终身学习需求的综合性开放大学，过程固然曲折艰难，但前景必是一片光明。

附件一：
基层电大学习者对开放大学转型发展的认可度调查

1. 您的性别：[单选题]

选项	小计	比例
A. 男	621	41.99%
B. 女	858	58.01%
本题有效填写人次	1 479	

2. 您的年龄：[单选题]

选项	小计	比例
A. 20 岁以下	34	2.3%
B. 20～30 岁	629	42.53%
C. 30～40 岁	657	44.42%
D. 40～50 岁	141	9.53%
E. 50 岁以上	18	1.22%
本题有效填写人次	1 479	

3. 您目前所从事的职业：[单选题]

选项	小计	比例
A. 包含国家机关党群组织企事业单位工作人员	242	16.36%
B. 商业、服务性工作人员	372	25.15%
C. 农林牧渔水利业人员	15	1.01%
D. 工人	215	14.54%
E. 待业人员	110	7.44%
F. 学生	17	1.15%

续表

选项	小计	比例
G. 其他	508	34.35%
本题有效填写人次	1 479	

4. 您是否知道国家开放大学是 2012 年由以前的中央广播电视大学转型而来的？[单选题]

选项	小计	比例
A. 是	1 188	80.32%
B. 否	291	19.68%
本题有效填写人次	1 479	

5. 您对目前所参加的国家开放大学学历教育的整体评价：[单选题]

选项	小计	比例
A. 非常满意	812	54.9%
B. 满意	577	39.01%
C. 一般	86	5.81%
D. 不满意	4	0.27%
本题有效填写人次	1 479	

6. 影响您做出这个整体评价的主要因素（可按照轻重顺序选择三个）：[多选题]

选项	小计	比例
A. 专业设置和课程安排是否优质实用	1 011	68.36%
B. 教学管理过程是否规范有序	755	51.05%

续表

选项	小计	比例
C. 教学支持服务是否专业高效	827	55.92%
D. 学历证书是否被广泛认可接受	1 284	86.82%
E. 个人能力是否得到有效提升	939	63.49%
本题有效填写人次	1 479	

7. 和其他普通高校、高职院校相比，您觉得开放大学吸引您参加学习的原因：[多选题]

选项	小计	比例
A. 学习时间、学习方式灵活方便	1 424	96.28%
B. 课程考核相对灵活，难度不大	1 009	68.22%
C. 网上课程资源丰富，方便随时随地自学	1 111	75.12%
D. 学习费用不高，个人可以承受	917	62%
E. 教学网络遍布全国，学习受地域限制较小	811	54.83%
本题有效填写人次	1 479	

8. 除了学历提升，您更希望通过开放大学的学习收获哪些？[多选题]

选项	小计	比例
A. 工作能力的提升	1 313	88.78%
B. 就业机会的提供	1 281	86.61%
C. 人际交往的拓展	1 052	71.13%
D. 自我价值的实现	1 173	79.31%
本题有效填写人次	1 479	

9. 转型后的开放大学坚持学历教育与非学历教育并重，以终身教育思想为引领，努力办成全民终身学习的新型高校。在以下哪些非学历教育领域，您会首先选择开放大学进行学习和提升？[多选题]

选项	小计	比例
A. 新型农民职业培训	723	48.88%
B. 短期职业技能培训	1 095	74.04%
C. 专业技术人员的继续教育	1 319	89.18%
D. 社区教育	585	39.55%
E. 老年教育	203	13.73%
F. 都不会	45	3.04%
本题有效填写人次	1 479	

10. 您希望转型后开放大学的基层教学点提供的教学管理和支持服务有些什么样的新变化？[多选题]

选项	小计	比例
A. 完善办学基础设施，软硬件配置要凸显开放大学特色	1 119	75.66%
B. 信息化建设进一步加强，满足学员日益增长的学习需求	1 174	79.38%
C. 要配备专业学习辅导教师，满足必要的线下教学服务开展	971	65.65%
D. 要提供专业助学咨询服务，满足学生个性化的学习资源获取和职业生涯规划	1 029	69.57%
E. 注重本区域内的资源整合和共享，为在校学生提升更多的学习、实践平台和就业提升机会	1 054	71.26%
本题有效填写人次	1 479	

11. 和其他普通高校、高职院校相比，您觉得转型后开放大学后应该更注重那些方面的改进和提升？[多选题]

选项	小计	比例
A. 课程设置比例上更注重学生实践能力提升	1 093	73.9%
B. 专业设置上与区域发展和社会需求联系更密切	1 112	75.19%
C. 基层电大的教学支持服务更加专业有效	994	67.21%
D. 学习资源的提供和推送更加符合学员的个性化学习需求	1 023	69.17%
E. 更加注重开放大学的文化建设，凝聚学员的共识和认同	861	58.22%
F. 更加注重良好社会形象的塑造和口碑宣传	699	47.26%
本题有效填写人次	1 479	

12. 您认为转型后开放大学最应该加强哪些领域的合作办学？[多选题]

选项	小计	比例
A. 高校和高职院校	1 142	77.21%
B. 科研院所和机构	816	55.17%
C. 区域内重点发展行业与企业	1 188	80.32%
D. 各类线上教育和培训机构	947	64.03%
E. 国外先进开放大学和教育培训机构	684	46.25%
本题有效填写人次	1 479	

13. 从您身边了解或实际体验的基层电大办学实际来看，您觉得导致电大转型过程受阻或效果不佳的主要障碍有哪些？[多选题]

选项	小计	比例
A. 当地政府重视程度不够，相应的政策支持和配套资金不足	872	58.96%
B. 部分基层电大办学实体较差，软硬件设施和教师队伍建设不能满足开放大学办学要求	918	62.07%
C. 电大系统转型过程中相配套的机制转换不顺畅不及时，基层电大转型发展的内生动力不足	848	57.34%
D. 相较于其他类型的学历教育和非学历教育办学机构，部分转型后的开放大学办学特色和优势仍不明显，缺乏足够的教育辨识度和社会认可度	1 070	72.35%
本题有效填写人次	1 479	

渝中区分校：
多元一体融合发展，服务全民终身学习

重庆电大渝中区分校是由渝中区政府主办、具有独立法人地位的办学实体，主要开展成人高等学历教育、非学历培训、社区教育及其他教育服务。面向新时代，学校立足服务区域经济社会转型升级的时代要求，秉持“以学习者为中心，办百姓身边的大学”办学理念，坚持“电大学历教育和社区教育、非学历培训并重，建设一所具有现代远程开放教育特色，服务全民终身学习的新型渝中区开放大学”办学定位，融合多元办学路径，积极开展形式多样的成人继续教育和社区教育活动，服务全民终身学习，取得显著成绩并产生了良好的社会成效。

党建工作统领全局，不断夯实办学基础。一是坚持把党建工作挺在前面。认真贯彻落实党的十八大、十九大精神和习近平新时代中国特色社会主义思想，严格执行党的路线方针政策，结合学校廉政教育，营造风清气正、健康清朗的校风教风学风。依托“墨韵沁校园、书香溢渝中”党建项目，大力推进学习型党组织建设，成功创建为区级文明单位。二是积极创新多元一体的办学模式。牢牢把握“办好开放大学”的战略定位，坚持终身教育理念，紧紧抓住集现代远程教育和社区教育于一体的体制优势和政策优势，构建“多元一体，融合发展”的办学新模式。三是加大政策扶持力度。政府投资 600 余万元对校园进行升级改造，深入推进校园信息化建设，打造“数字化校园”和终身学习网络载体，为终身教育体系构建提供了良好的网络教学环境和学习支持；挂牌成立“渝中区文化产业培训基地”，承办区文化委“非遗产业人才培训”项目，培育了一批蜀绣、剪纸、烙画产业人才。四是持续加强队伍建设。学校高度重视师资队伍的专业化、职业化发展，组建“智囊团”队伍、社区志愿者队伍和社区教育辅导员队伍，定期开展业务培训与考核，鼓励青年教师参加全国社区教育骨干教师评选等活动，初步建立起了一支师德高尚、业务精湛、结构合理、充满活力的专兼职教师队伍。

稳步推进学历教育，积极拓展办学空间。一是努力构建适应区域发展需要的学历教育体系。学校以培养高素质、应用型的技术技能人才为己任，围绕渝中区经济社会及产业发展对紧缺人才的需求，构建富有包容性的学历教育专业体系。开设开放教育、成人专科、网络教育三类学历教育专业30余个，在籍学生4 400多人，办学规模保持稳定。二是合作开展区域专业人才学历提升项目。为提升社区教育工作队伍素质，学校开展了开放教育社会工作本专科人才培养项目，制定学费减免方案，助力渝中区社区工作者学历层次、理论素养和工作能力提升；勇担政府助力计划项目，与渝中区教委合作开展了“学前教育师资队伍学历提升助力计划”，与渝中区总工会合作开展了“楼宇职工学历提升助力计划”。这些项目已为渝中区社会发展培养了一批用得上、留得住的急需人才。三是积极拓展合作办学渠道。与渝中区职教中心、渝中区高级职业学校、重庆知行卫生学校等职业学校合作办学，开展专业和学历层次对接，深化课程开发和特色课程打造。与重庆文腾商务有限公司、弗路德机电设备有限公司、中国电子科技集团重庆声光电有限公司等多家企业签订了合作协议，为企业员工学历提升打造量身定制服务。合作办学的一系列举措拓展了学校的办学空间，进一步增强了学历教育的社会服务能力。学校近5年向社会输送毕业生8 000余人，被评为2017年重庆电大系统招生工作先进单位。

丰富社区教育内涵，创新社区教育载体。一是构建社区教育三级网络服务体系。依托各街区文化中心挂牌成立了7所社区教育分院，在77个社区设立了市民学校，构建起“学院+分院+市民学校”三级联动的终身学习服务体系，创新了社区教育三级网络的服务形式，提升了社区教育的组织化程度。二是打造社区教育特色品牌。组织开展了“特色社区教育项目”“标准化学习型社区”和“社区教育示范项目”的申报与认定工作，评选出区级“标准化学习型社区”29个、区级特色社区教育项目34个、区级社区教育示范项目7个。大溪沟、解放碑、上清寺等街道荣获国家级社区教育示范街道称号，“468 大讲堂”“流金岁月艺术团”“三峡大讲坛·渝中讲台”“渝中大讲堂”被评为全国终身学习品牌项目，6 名学习者被评为全国百姓学习之星，渝中区已成为我市第一批全国社区教育示范区、全国数字化学习先行区，学校社区教育部还被授予渝中区巾帼文明岗荣誉称号。经过几年努力，一个有区域特色、社区亮点、人群特点的社区教育品牌体系已初步形成。三是持续深化理论研究。不断加强社区教育相关理论研究与探索，组织开展了“中心城区社区教育学院建设的探索和实践”“普通中小学校服务社区教育模式实验”“具有区域特色的社区教育微课程开发与应用研究”等系列国家级、市级社区教育课题的研究工作，探索社区教育的特点与规律，为社区教育的进一步发展提供了重要的理论支撑。

搭建网络学习平台，服务全民终身学习。一是加强终身学习服务平台建设。先后投入 120 余万元，搭建起渝中区市民终身学习公共服务平台—“渝中学习网”和“乐学渝中微信公众号”，实现了 PC 端、WAP 移动端、微信端“三端合一”。渝中学习网已经开通一级栏目 10 个、视频课程万余门，订阅电子期刊 2 000 多种，实现了移动端有奖答题、在线直播、学习积分等 50 多项功能，实名注册家庭已达到近 30 000 户，在线学习 400 多万人次，满足了市民移动学习、碎片化学习的新需求，社会反响良好。二是持续开发质优量足的课程资源。不仅开发了智能手机、生活美妆、茶文化与茶艺、摄影基础、川菜烹饪、中国传统花艺等近 20 门市民终身学习公益课程和 6 门短期体验课程，还开发了国画、古埙、戏曲等中华优秀传统文化系列课程和“朝天门”等重庆母城文化系列课程，在 2018 年重庆市第三届社区教育微课大赛中荣获一等奖 4 项、二等奖 1 项。三是组织开展形式多样的终身学习活动。坚持举办“渝中市民大讲堂”，邀请专家学者、行业精英、社区达人定期将各类丰富的课程资源送进社区，年均送课 30 余场；组织开展在线直播课、“万户家庭网上学”主题活动、“幸福社区·邻里如亲”有奖答题等形式多样的社区教育活动，多次承办渝中区全民终身学习活动周启动会及社区教育成果展示活动，满足了人民群众不断增长的终身学习需求。

面向未来，学校将以习近平新时代中国特色社会主义思想为指导，深入贯彻全国教育大会精神，牢记办学理念，坚守办学定位，不断探索“多元一体，融合发展”的办学新模式，为区域终身教育体系和学习型社会构建做出更大贡献。

南岸分校：抓特色建设，促转型发展

南岸分校自建校以来，始终秉持根植地方、服务地方的发展理念，为南岸区经济社会输送了大量实用型人才。前些年，我校在探索学校转型发展过程中，曾因发展思路不明陷入困顿迷茫而停滞不前。自2018年起，学校决心改变现状，明志致远，迎难而上。通过不断的努力，学校目前已步入了探索转型发展新路径的上升期。

一、明确目标，推动转型走出低谷

2018年底，学校根据南岸区经济发展需要和学校实际，制定了未来五年（2019—2023）“12345”发展战略，即：一个发展目标，创一流区域性开放学院；两个重点抓手，学历教育和社区教育并重、协调发展；创，质量、特色、示范三大品牌；进行校园四化建设，绿化、净化、美化、文化；实施五大工程，文化建设工程、团队建设工程、制度建设工程、体制建设工程、品质建设工程。五年战略规划的制定，领航学校未来几年的发展方向。

二、理顺关系，释放学校办学活力

自2009年我校开展社区教育工作以来，由于无专项经费和人员配置，导致社区教育工作未如人意。经区教委协调，区编委于2019年4月下文在南岸分校基础上建立社区教育学院，明确了工作职责，为学校正常开展社区教育工作奠定了基础。同时，区教委下拨了专项经费，重新核定了我校的人员编制。目前学校已设立社区教育办公室，配备3名专职人员和多名兼职人员。打造了近万个“线上+线下”学习资源，形成“年年有活动周、月月有大讲堂、周周有社教课程”的教学模式，积极为各街镇社区教育工作提供支持服务，满足我区居民多样化的教育需求。

三、规范管理，坚持内涵式发展道路

加强制度建设，促进规范管理。根据《重庆广播电视大学教学管理制度汇编》的总体要求，学校先后出台一系列规章制度，如南岸电大办学章程、内控管理制度、教学教务管理制度、外聘教师管理制度、学生学籍管理制度、考试管理制度、形成性考核管理制度等，完善规章制度是推进教育现代化的必然选择，让学校全面科学管理有章可循。

四、强化师资，打造办学优势专业

学校着力提升教师思想政治素质，加强师德师风建设，鼓励引导师生主动适应“互联网+教学”的发展新趋势，着力打造一支具有现代教育教学技术的专兼职教师队伍。注重丰富教师培训形式，通过“将专家引进来，把老师送出去”等方式，让全体教师多渠道接受新技术新理念。每月安排轮值教师开展“百味讲堂”，进行学习交流。2019年，我校选送了4个微课作品参加市校组织的微课大赛，3名教师获奖，学校获得优秀组织奖。在今年疫情期间，专兼职教师们主动运用雨课堂、腾讯课堂、钉钉直播等网络手段为学生开展在线辅导和支持服务。

经过多年坚持不懈努力，我校工商管理专业建设已积累了一定的教学经验和办学成果。在市校开展的工商管理专业雨课堂教学试点工作中，多名学生在课程辅导教师和专业管理教师的帮助下多次获得市校“网络学习标兵”称号。近4年来，我校工商管理专业本科毕业生获得学士学位比例约为17%，在全市兄弟电大中名列前茅。

五、产教融合，增添电大办学活力

学校积极探索合作办学的新渠道，争取引入更多业内业外的优秀资源。与北京大学（医学部）、中国医科大学、大连理工大学、四川大学等高校的合作办学已成为我校常态。近年，我校开始探索与更多行业的合作渠道。目前，我校与武警总队、医药协会、市内一些优秀的中职学校达成了合作协议并开展工作，探索电大办学与行业融合发展，以行业需求为导向调整专业人才培养方向。

六、特色建设，促学校转型发展

目前，我校正在积极参与重庆电大特色建设项目，并得到区政府和区教委的有力支持，谋求将专业建设和社区教育培训工作有机结合，统筹发展。特色学院建设将以改革创新为动力，坚持质量优先，体现终身教育特色。

（一）突出专业群建设特色

以“社会工作”专业为引领，利用学生社区工作者优势，将国家开放大学宣传辐射到各社区，扩大学校办学影响，增加学历教育招生规模，力争“社会工作”专业学历提升人数比2018年净增达500人以上；研究和开发“社会问题概论（暂定）”特色课程；注重“1+X”人才培养探索与实践，配合专业建设组织“社工”证、“三事分流工作法”“提升社会工作者角色胜任力”等技能培训，密切人才培养与区域经济社会发展的关系，与市场需求相匹配。

（二）突出服务区域特色

结合区域实际，继承传统优势，发扬传统文化，创新特色发展，服务辖区居民。因地制宜、因势利导开展学历及非学历教育培训活动及文化建设活动，全面推进人才培养和文化建设工作，敢于开拓，敢于突破，敢于创新，使学校特色不断得到发展和提升。

（三）突出终身教育办学特色

构建服务全民终身学习的教育体系，发挥社区教育学院优势，创新教育和学习方式，加快发展面向街镇、社区、居民更加开放灵活的终身教育体系，服务学习型社会建设。

特色学院以服务南岸终身教育体系建设，促进南岸区学习型社会发展为目标，以人才培养计划为支撑，以远程高等学历教育为根本，以特色专业建设、课程体系改革，教学内容改革、特色教材建设为抓手，以师资队伍建设、网络环境建设为保障，着力推进“1+X”人才培养模式改革，打造融教学、科研、产业为一体的特色学院，探索重庆广播电视大学终身教育学院对接区域社会发展培养所需人才的实践路径，夯实重庆开放大学南岸学院建设的基础。

通过3年的建设，把学院建设成为组织结构完备、课程体系合理、师资队伍齐全，教学、实践行为规范，服务南岸区终身教育发展所需人才的重庆广播电视大学特色学院，夯实重庆市南岸区开放大学建设的基础。

七、社区教育，长足发展

南岸电大坚持“立足社区、依靠社区、面向社区，服务社区”办学，以创建全国社区教育示范区为重要抓手，积极倡导终身教育理念，建立学习型城区，扎实推进社区教育工作开展。

（一）建立健全管理服务体系

为加快推进我区终身教育体系建设，创建国家社区教育示范区，按照《重庆市南岸区人民政府进一步推进社区教育工作实施意见》（南岸府办发〔2017〕88号）文件精神，南岸区成立了社区教育工作指导委员会，形成了“党委领导，政府统筹，教育行政部门主管，有关部门配合，社会积极支持，社区自主活动、市场有效介入、群众广泛参与”的社区教育协同治理的体制和运行机制，建立联席会议制度，充分发挥全区各单位对终身教育发展的主导作用。完善社区教育管理制度，形成了由区社区教育学院为具体实施，以各镇街文化中心（社区学校）为纽带辐射全镇街，各村居（社区）（教学点）为主要阵地的社区教育三级管理服务体系，在经费上、人员上有保障，促进社区教育工作规范化、制度化、常态化、标准化。

（二）提升内涵，学习培训齐参与

近几年来，我院每年多次组织社区教育干部培训会，全区相关部门、15 个镇街（社区学校）、159 个村居（社区教学点）的社区教育干部工作（培训）参培。还特别邀请中成协常务副会长张昭文、教育部社区教育研究中心副主任周延军、中成协网络中心李荣华深入调研，主讲培训，提升社区教育队伍专业能力与服务水平。每年组织社区工作人员参加重庆市教委、市社区服务指导中心组织的社区教育骨干教师的培训班。以“提高骨干教师工作能力，助推区县社区教育发展”为目标，提高社区教育管理者服务水平，更新观念，提升能力。2019 年 5 月，我区组织首批社区教育干部“走出去”参加成都社区教育均衡发展工作培训会，截止到今年底，走出去学校达到全区社区学校全覆盖。

（三）以评促建，学习成果起示范

在社区学院统筹组织下，全区各镇街、各村居全年累计开展手工制作、知识讲座、各类培训等形式多样的社区教育活动 6 000 余次，社区学院成功举办 2016、2017、2018 年全民终身学习活动周系列活动，连续三年荣获全国社区教育全民终身学习活动周活动“优秀组织奖”。累计参与市民达 20 万余人次，丰富了市民的业余生活，激发市民学习的激情。学院还积极组织参加各级各类社区教育创建及评选活动，并在国家级和市级评选中获得了优异的成绩。2017—2018 年南山街道《文峰市民读书吧》、海棠溪街道《国学礼仪浸童心》先后荣获“全国社区教育终身学习活动品牌”。2016 年组织推选花园路街道蔡锡田被评为“全国百姓学习之星十佳”。重庆市龙门浩职业中学校荣获 2017 年全国社区教育“优秀成人继续教育院校（培训机构）”，该校选送的微课作品荣获全国社区教育“微课大赛”多次一等奖。区学院崔唯一老师荣获 2019 年重庆市优秀社区教育工作者。我区曾海龙，郭永明等四人荣获市级“百姓学习之星”。近几年，我区评选出区级“示范社区”19 个，终身学习活动品牌 14 个，“百姓学习之星”250 名，“书香家庭”108 户，特色课程 5 个，社区教育优秀工作者 50 名，优秀志愿者 10 名。通过有效示范，特色发展，引领带动全区社区教育蓬勃发展，充分体现了社区教育学院的“龙头”作用。

（四）整合资源，优质课程进社区

近年来根据区委统一部署安排，学院积极开展大健康服务试点、新时代文明实践中心社区教育工作，根据试点社区需求，整合民办培训机构、职业院校等资源优势，为居民开始文化素养、职业技能等培训课程送进社区，为 7 个试点社区培训室统一配置了多媒体设备，7 个试点社区开展 42 次课程，累计参培人数达 3 000 人次。学院根据社区居民需求，整合民办培训机构、职业学校、中小学教育资源开展“你点课，我送课”“市民大讲堂”“百味讲堂”“十九大精神”进社区等系列活动。2018 年统计对试点社区开展 80 次课程，累计参培人数达 6 000 人次，受到社区居民一致好评。

（五）打造互联网+，学习新平台

2017 年底我校开通了南岸市民终身学习服务网络平台，利用互联网+现代化教育手段，不断创新服务载体，推进远程网络教育、社区学校网络建设，营造“学习就在家门口”的社会环境，以海量学习资源满足多样化学习需求。目前有市民大讲堂课程 50 门、在线市民课程 9 000 余课时、精彩活动 8 个等栏目内容。开展线上线下学习，为社会全体成员提供便捷及时的教育学习服务新平台。2018 年 9 月学院开通了南岸社区教育公众号“南岸终身教育”。截止到目前，共发送推文近 100 篇，线上活动参与 5 000 余人次，为市民学习提高海量资源，营造学习氛围。其中多篇简讯被中国成人教育协会网站、市社区教育服务指导中心网站及南岸区政府媒体“掌新南岸”、区教委“书香南岸”采用，宣传达到新高度，营造出“人人皆学、时时能学、处处可学”的良好氛围。

荣昌分校：“一片陶”的故事

陶艺是中国传统文化的重要载体，在中国有着深厚文化积淀和历史传承。陶艺，既有艺术审美，也为生活实用。重庆荣昌陶历史悠久，文化底蕴深厚，素有“红如枣、薄如纸、亮如镜、声如磬”的美誉，与江苏宜兴紫砂陶、云南建水陶、广西钦州陶并称为“中国四大名陶”。

一、陶瓷学院建设背景

（一）电大转型发展

《国家中长期教育改革发展规划纲要（2010—2020）》明确提出要“大力发展现代远程教育”“办好开放大学”。这对构建全民终身教育体系，促进我国全民学习、终身学习的学习型社会建设，满足社会成员高质量、多样化的教育需求，促进教育公平具有重大意义。

重庆广播电视大学启动系统转型发展工作以来，各基层单位积极探索转型发展的新路径、新模式、新方案，努力推进各项改革措施落地执行。2018年7月下发《关于推进特色学院建设的指导意见》，提出基层电大要适应地方经济社会发展需要，走特色办学之路。荣昌电大抓住这一电大转型发展的新机遇，立足本地发展，深入分析荣昌的经济发展情况，挖掘与电大办学相关的地方经济特色，积极筹划“陶瓷学院”的申报与立项建设。

（二）地方需求推动

2018年7月17日，陈敏尔书记对荣昌区做出指示，荣昌要做好“一片陶、一头猪、一把扇、一匹布”四篇文章。荣昌陶是“中国四大名陶”之一，荣昌区安富镇是“中国三大陶都”之一。2011 年，荣昌陶器制作技艺已列入国家级非物质文化遗产保护名录，被评为重庆市首届“巴渝十二品”，“荣昌陶器”还注册为地理标志商标。

1.地方经济发展需求

荣昌现有陶瓷企业 70 余家，规模以上企业 25 家，其中一线企业近 10 家，陶瓷企业从业人员逾万人。荣昌陶产业基础强，但荣昌陶人才相对匮乏，缺少大量的研发技术人才、专业技艺人才、营销管理人才等专业技术人才。荣昌陶瓷行业的经济发展势头与专业技术人才发展不对等的现状，也对建立陶瓷相关的高等教育学院提出了迫切要求。

2. 技术人才支持

荣昌拥有陶瓷非遗项目国家级传承人 2 人，市级传承人 4 人、区级传承人 62 人，区级工艺美术师、民间工艺师百余名，他们在国内外均有较高的知名度和影响力。这些陶艺人的技术需要传承，而且他们拥有丰富的专业知识和经验，能够指导和参与陶学院的教学工作，为陶瓷专业学生提供有力的实习保障。

3. 政策支持

2017 年 5 月重庆市和荣昌区政府全额注资 2.6 亿元为重庆电大荣昌分校修建新校园，建筑总面积 4.9 万平方米。2018 年 7 月 17 日，重庆市委书记陈敏尔来荣调研时指出要加强人才培养，注重传统工艺与现代技术、现代艺术相结合，传承好、传播好优秀传统文化。同年，荣昌区委出台政策(《中共重庆市荣昌区委办公室关于深入贯彻落实陈敏尔书记来荣调研指示精神的通知》荣委办发〔2018〕92 号）建立陶学院，每年计划培养专业陶艺人才 50 人以上。

二、陶瓷学院建设实施过程

为适应新时代发展，结合荣昌畜牧、陶瓷产业优势，荣昌分校向重庆电大申报建设重庆广播电视大学畜牧与陶瓷特色学院，2019 年 1 月荣昌分校的特色学院申报获批成功。

（一）政府高度重视和支持特色学院建设

2019 年 1 月 18 日，荣昌电大特色学院——现代畜牧与陶瓷学院项目申报成功，成为重庆电大首批 11 个特色学院建设项目之一，受到区委区政府的高度重视和支持。分管教育副区长多次在荣昌电大召开座谈会调研特色学院建设，并带领荣昌电大特色学院建设小组前往广富工业园调研唯美陶瓷、奥福精细陶瓷等陶瓷产业情况，带队赴江西景德镇陶瓷大学考察，调研陶瓷产业发展的多种形态。同时，区委区政府还决定为特色学院组建陶瓷专业指导委员会，给予特色学院建设专业指导和师资保障。

（二）组建高质量团队共建特色学院

为做好特色学院建设工作，荣昌电大召开了特色学院建设专题会议，并成立了特色学院建设领导小组和畜牧、陶瓷专业创建小组，为特色学院各项工作的开展提供组织和人员保障。此外，学校还积极开展特色专业建设调研，拜访荣昌陶艺大师梁先才、陶瓷专家杨敏等陶瓷领域的专家，向领域专家了解荣昌陶的历史起源和发展，荣昌陶在现代生活中的运用，如何将荣昌陶融入到现代社会发展中等；走访了安北陶艺村、安陶小镇、安陶博物馆及通安小栖陶文化主题馆，全方位的挖掘荣昌陶的历史、工艺传承等，为陶瓷特色学院及陶瓷相关专业的建设做好前期准备。

（三）走访调研深入挖掘资源与特色

荣昌分校特色学院的建设实施从调研本地特色开始，在摸清荣昌本地经济特色的基础上，结合开放大学办学特点以及现有办学资源，确定特色办学方向，创建“陶瓷特色学院”。2018 年 4 月上旬，荣昌区副区长李劲渝亲自带领区教委委领导、荣昌分校先后赴荣昌广顺工业园、江西景德镇陶瓷大学、江西陶瓷工艺美术职业技术学院及“陶溪川”国际陶瓷文化产业园调研学习。

三、陶瓷学院建设进展

（一）首期陶艺培训顺利结业

2019 年 6 月荣昌分校陶瓷特色学院首批陶艺培训课程在安富小学举行开班典礼，本次陶艺实践培训有荣昌区教委与荣昌电大合作举办，遴选了全区 32 名美术教师参与此次培训为期一周，培训的内容包括荣昌陶发展历史、荣昌陶制作工艺、现代陶艺设计等方面，由参观、讲授以及操作实践等多种方式相结合，培训课程包括陶艺基础理论、陶艺实践操作（拉坯）、釉下彩与釉上彩实践操作、利坯实践、釉彩实践、窑炉使用与烧制。陶艺指导教师杨敏老师针对培训情况指出，通过培训，近一半学员的陶艺制作水平已经达到相当于从业陶艺工人的水平。

（二）与景德镇陶瓷大学达成战略合作框架

2019 年 8 月，荣昌区政府与景德镇陶瓷大学达成战略合作意向协议，陶瓷专业建设方面，荣昌区政府已经与景德镇陶瓷大学签订战略合作框架协议，在专业建设方面给荣昌分校提供资源和帮助，助力荣昌陶瓷产业发展，为荣昌分校陶瓷特色学院建设提供师资、课程等方面的资源，加快推进荣昌陶瓷特色学院的建设。同时，学校拟向国家开放大学申请建立陶瓷工艺与设计专业，开展陶瓷专业的专业教育。

（三）“一带一路”陶瓷论坛在荣举行

2019 年 11 月 30 日，2019 重庆“一带一路”国际陶瓷论坛，在重庆市荣昌区成功开幕。12 月 1 日上午在荣昌区国家级青少年示范性综合实践基地举行“陶都杯”重庆市首届青少年陶艺作品赛。经过前期对重庆各区县陶艺作品的征集、筛选，有约 200 件重庆市青少年陶艺作品参赛。同时还举行了“陶都杯”荣昌陶艺技能大赛，特邀 100 余名大师荣昌陶艺大师现场同台竞技，集中展示荣昌陶艺大师精湛技艺。数十名参加过陶艺技能培训的青年教师在本次技能大赛中获奖，集中展现了陶艺培训项目的成效。荣昌分校朱泓燕老师的陶艺作品《饕餮》在此次陶艺大赛作品展中获得教职工组“二等奖”。

四、陶瓷学院专业建设思考与改进

荣昌分校陶瓷特色学院下一步将着力打造“陶瓷设计与工艺”专业。陶瓷设计与工艺专业是目前国家开放大学没有开设的专业，荣昌分校希望能够结合地方优势向国家开放大学申请设立这一专业，旨在培养能够从事日用陶瓷设计制作、艺术陶瓷设计制作、陶瓷雕塑设计制作、陶瓷工艺品设计制作工作的高素质技能人才。

目前，荣昌分校已向重庆电大提出申请和诉求，希望申办这一专业并面向全市乃至全国招生。重庆电大也在积极地帮助我们，帮助荣昌分校向国家开放大学提出了学校的想法和诉求。申办专业需要经过以下流程：第一，专业准备与论证阶段，充分论证专业的可实施性，分析开设该专业的基础及理由，搭建专业培养的体系（规划专业课程体系，建设专业课程资源，发展专业课程平台，培育专业师资队伍，编制专业教材，建设专业实训基地）；第二，填表申报阶段，在完成专业申报准备及前期的专业搭建工作之后，填写专业申报表向国开大申办专业，有国开大进行专业的评审；第三，国开大评审通过报教育部备案审批后才能开始陶瓷工艺与设计专业的招生培养工作。

在市校的支持下，荣昌分校拟于2020年秋期申报新增设陶瓷工艺与设计专业，培养专业的陶瓷工艺人才。目前，在了解陶艺培训需求的基础上，聘请当地陶艺大师进行陶瓷非学历培训，逐渐建立陶瓷工艺与设计专业体系，搭建专业学习的平台与通道，力争能够将专业设立与地方经济发展需求和地方群众的学习需求相结合，发挥陶艺专业的作用，传承“荣昌陶”。

陶瓷专业的开设道路虽长，但我们坚信，行则将至！

巫山分校：推动县域旅游示范区建设，合作共建研学旅行学校

巫山县地处三峡库区腹心，是渝东门户，面积 2 958 平方千米，全县人口 64 万，是文化名县，旅游强县，移民大县，国家生态文明示范县，也是国家扶贫开发重点县。

巫山县工业基础薄弱，旅游业是发展的主要支柱。加快全域旅游是巫山转变经济发展方式，培育经济新增长点的重大举措。创建“国家全域旅游示范区”是巫山坚定不移走生态优先、绿色优先之路的重要载体，也是振兴乡村经济的必要之路。2016 年 2 月，巫山县被国家旅游局列入第一批“国家全域旅游示范区”创建单位，县委县政府高度重视全域旅游创建工作，举全县之力打造旅游战略性主导产品，推动旅游业转型升级，出台了《关于加快创建国家全域旅游示范区的意见》《巫山县全域旅游行动计划实施方案》，指出要坚定不移地将旅游业打造为战略性主导产业。提出了创建行动计划的主要目标、任务和要求，实施全域旅游设施建设、特色产品、融合发展、乡村旅游、脱贫富民、品牌推广、全程智慧旅游、人才兴旅等八大工程。

为适应我县经济社会发展和人才兴旅的要求，巫山分校积极行动，学校先后于 2018 年、2019 年申报市电大全域旅游学院建设，得到市电大批准立项。学校依托既有课程资源与艺术文化师资等资源优势，在县政府及县教委领导下，在市校的指导下，联合县文旅委及有关乡镇，蓬勃展开了合作共建研学旅行学校活动。以进一步探索和提升电大教育服务社会的方式和水平，着力推进巫山全域旅游战略实施，探索促进文旅融合，推进农村中小学地域校园文化建设，直至建设重庆电大全域旅游学院。

一、依托教育领域挖掘文旅融合资源

在县教委支持下，根据“巫山风情”和“巫山人文”两条主线，

我们主动出击确立了联合中小学合作共建研学课程的思路，遴选了 4 所当地旅游资源较为丰富、乡土文化浓郁的乡村学校，与大庙中学、大昌中学、龙溪中学、邓家小学建立合作，成立共建领导小组和工作团队、教师团队，合作的中小学具体负责课程开发与建设，落实项目管理人员和课程指导教师，落实活动班级学生，组织实施师生实践活动。

2019 年 5 月启动合作共建，2020 年开发部分研学课程、研学活动，依托教育领域挖掘文旅融合资源的格局初步搭建。

（一）与龙溪初中合作共建

龙溪古镇地处巫山、奉节、巫溪三县结合部，位于大宁河与长溪河交汇的半岛上，在风景秀丽的大宁河小三峡上游。我们通过调研得出，龙溪古镇旅游资源丰富，历史上是巫溪盐经大宁河运输至我县大昌的必经之地，有过上百年的繁荣与辉煌，码头文化，盐文化影响深远。古镇有上中下三条老街，现存历史遗迹和建筑很多，最古老的是 700 多年前，南宋军民抗击元军修筑的“天赐城”，有晚清和民国时期老屋与洋房，下川东游击队地下联络站，20 世纪计划经济时代的卫生院、食品站、供销社、电影院等国营单位办公房。2012 年，龙溪古镇被重庆市人民政府授予为重庆历史文化名镇，2014 年，被列入中国传统村落名录，予以保护。

2019 年 4 月，巫山分校领导班子一行赴龙溪初中洽谈磋商全域旅游学院建设中关于“研学旅行学校”项目的合作共建事宜并签定合作协议。双方确立了以社区课程内容为主导，结合龙溪古镇的开发，以体验古镇历史文化、码头文化和大宁河盐文化为主题，开发龙溪人文风情研学课程的思路。拟以古镇文化为载体，开设摄影、绘画等培训课程；开展师生收集古镇发展的历史图片资料实践活动，组织学校师生举办古镇风貌、宁河盐文化实物、图片资料展和绘画、摄影作品展。组织研学者到校交流和古镇参观游览，帮助了解古镇文化，体察古镇民风民俗；挖掘龙溪地方文化和非遗文化传承内容，体现龙溪乡情的元素，如宁河号子、小三峡山歌、打莲箫、地方戏等，与文化部门合作组织举办文化表演，师生传唱等活动。

（二）与邓家小学完成合作共建

邓家乡是巫山县土家族民族自治乡，位于巫山县东南部，面积 58 平方千米，有着 6 万余亩的十里坪林场，是土家族聚集地。全乡土家民族民俗文化资源丰富，有市级“非遗”传承项目 2 个，县级“非遗”传承项目 11 个，正在创建市级民族乡和市级森林特色小镇。全乡民族风情浓郁，颇具高山森林小镇特色，是研学旅行的好地方。

2019 年 11 月，巫山分校领导一行赴邓家民族小学洽谈磋商“研学旅行学校”项目的合作共建工作。邓家乡政府陈乡长与邓家小学班子出席洽谈。会上提出要结合邓家乡的民风民俗及民族文化特点创建全域旅游，合作共建研学旅行学校的意向，并结合邓家乡创建市级民族乡和森林特色小镇的契机，以邓家土家历史文化、高山林场体验为内容，开发邓家民族人文风情研学课程。邓家乡有着丰富的民俗文化资源，有市级非遗传承项目 2 个，县级非遗传承项目 11 个，可以开设舞蹈、音乐传承活动，收集土家历史文化资料实践活动，组织学校师生举办高山风情、土家民俗图片展、实物展，挖掘邓家地方文化和土家非遗文化传承内容，体现邓家乡情的元素，如背二哥、摆手舞、打莲箫、地方戏等，和乡镇及文化部门合作组织举办文化表演，师生传唱等活动。组织研学者到校交流，参观游览高山林业风景和土家风情，帮助了解土家历史发展和文化传承，体察土家民风民俗。

12 月 10 日，双方就共建活动形成方案，成立了建设项目领导小组，工作团队和课程教师团队，正式实施研学共建。

二、条件保障

县委县政府出台《巫山县全域旅游行动计划实施方案》，巫山县教委出台了《关于加快推进研学旅行发展实施方案》，提出了加强文旅融合，发展建设研学旅行学校，为我校开展合作共建提供了政策的有力支撑。由此，我校和农村中小学合作共建研学旅行学校得到了县教委的大力支持，并得到了县文旅委和有关乡镇党委政府的支持配合。

巫山分校积极争取上级经费与社会各界支持，上下联动，横向协调，协调县上相关部门支持合作，聘请市县文化旅游专家，民俗文化人士，非遗传承人到校指导，选调部分教师建立各项目工作团队、课程教师团队，在课程开发和师资支持上给予帮助和指导。

三、反响与体会

积极拓展非学历教育向基层特别是乡镇和社区延伸的路径，把优质教育资源送进社区、送到边远山区、送到百姓身边，成为当地终身教育体系构建的重要支撑者和学习型社会建设的有力推动者是转型发展的重要内容。巫山分校和农村中小学合作共建研学旅行学校，既激发学生走乡路，读文化，知国情的家国情怀，又进一步宣传提升了电大在当地的影响力，得到了当地政府和村民的热烈欢迎，对全域旅游示范县建设，推进文旅融合发展起到了积极的作用。其中邓家小学已收集土家民俗和生活实物，建立了陈列室，把土家摆手舞、打莲箫融合于大课间活动，丰富了学校师生的文化生活，陶怡了思想情操，三峡都市报、县手机报、县广播电台对相关活动给予了报道，获得了政府有关部门和社会的广泛好评。彰显了我校根植于地方经济社会发展，面向区域发展战略及定位，努力拓展社会服务的范围和内容，提升了我校在巫山当地的社会知名度和美誉度，对推动我校转型发展和我县传统文化的传承传播意义重大。

社会服务篇

- 涪陵电大：面向库区居民终身发展 服务涪陵双百城市建设
- 合川电大：服务国家战略 践行社区教育使命
- 江津电大：整合资源建阵地 服务社会促转型
- 渝中区分校：实施“4321 工程”服务渝中发展
- 九龙坡分校：开放社区大融合，教育惠民谱新篇
- 大渡口分校：三教融合发力，服务“新区品城”增效
- 巴南分校：面向地方根植大众服务全民终身学习
- 璧山分校：打造宜生品牌，创意乡村教育，助力田园都市的建设
- 南川分校：根植地方，多点着力，服务区域发展
- 武隆分校：联动两教融合发展 服务武隆全民终身学习
- 奉节分校：以社区教育和技能培训为抓手 拓展电大办学空间 增强社会服务功能

涪陵电大：
面向库区居民终身发展 服务涪陵双百城市建设

学校在转型发展中，以先行先试建立重庆开放大学基层学院为契机，围绕地方“双百”[①]城市建设战略目标，践行开放、灵活、全纳、终身理念，面向库区移民和城乡居民，从实际出发办百姓身边大学，在适应地方经济社会发展对应用型人才需求和库区居民终身职业发展需要的同时，极大地促进了自身发展，使远程教育与开放大学在涪陵呈现出不可替代性与勃勃生机。

一、面向地方科学定位

涪陵地处武陵山区和三峡库区的长江与乌江交汇处，是千年历史名城和重庆市实力较强的区域性中心城市。全区面积 2 941 平方千米，辖 3 个工业园区、8 个街道、18 个乡镇，户籍人口 116.66 万人。其中，农业人口 68.48 万人，非农业人口 48.18 万人，城镇化率 41.3%。人均受教育年限 9.9 年。在工业化、城镇化、农业现代化带动下，全区经济社会呈现出快速发展的势头，尤其是在“双百”城市建设目标引领下，人口、产业、投资向城市快速聚集。全区工业总产值突破千亿大关，居于全市各区县前列。

由于库区与山区现象叠加，城乡二元结构突出，教育发展相对滞后等因素影响，涪陵经济社会发展也面临人才总量不足，结构失衡和劳动力素质低下等困难。一方面“双百”城市建设需要大量的应用型、技能型人才，另一方面库区移民就业发展、安稳致富和城乡居民终身职业发展，农民转户进城等都需要教育提供智力支撑。尽管在涪陵除电大外还有两所高校，但它们都是面向全国和重庆市开展人才服务，

① “双百”指一座城市主城区人口 100 万，主城区面积 100 平方千米。

很难落地适应城乡居民对教育的多样化需求。早在2010年，区政府明确提出“充分利用涪陵电大远程教育资源，建设以网络、卫星、电视等为载体的涪陵开放大学，搭建终身学习服务平台”。发展现代远程教育，建设重庆涪陵开放大学，满足地方经济社会发展和“双百”城市建设需要，尤其是满足库区移民和城乡居民终身学习的需求，不但是地方政府赋予远程教育的重要使命，也彰显远程教育在涪陵的不可替代性。探索建设涪陵开放大学，整合集成辖区相关教育资源，推进教育与信息技术深度融合，以更加开放、灵活、多元的办学，为库区移民和城乡居民终身职业发展提供教育服务，显得十分紧迫。

在重庆开放大学基层学院建设探索中，我们以终身教育理念指导和统揽全局，定位服务库区移民、城乡居民终身职业发展需要，面向库区、服务“双百”，全方位、多层次、开放式办学，着力使重庆开放大学涪陵学院成为百姓身边的大学。

二、拓展功能特色办学

在基层电大基础上建设开放大学基层学院，必须坚持实事求是、因地制宜的方针，以科学的办学定位为基础，调整结构，构建体系，拓展功能，打造富有地方特色的开放大学。

1. 调整办学定位结构

学校把办学定位于适应人的终身职业发展需要，通过结构调整，促进办学由传统的学历补偿教育向适应库区移民、城乡居民终身学习转化，形成了学非并举、远职并举、远程教育办学与服务并举的格局。

（1）大力调整学历教育结构。按照“宽领域、多元化、多层次”思路，加快学历教育结构调整步伐。一是上下延伸学历教育。与三大工业园区对接举办中职教育，开办房地产经营管理、园林、学前教育、汽车运用与维修、烹饪食品工艺等专业，现已毕业400余人，在校生307人。学校与西南大学合作，招收工商管理等5个专业在职研究生班，探索举办研究生教育的新路子。

（2）面向移民开展教育培训。基于“面向库区，服务‘双百’”的思路，学校以移民及其子女为主要对象，大力开展非学历教育和职业技术培训。通过与涪陵职教中心、信息职业技校、创新计算机学校、育才武术职校等联合办学，举办房地产经营与管理等10余个项目，培训库区移民及其子女1.2万余人。根据涪陵库区移民劳动力转移规划，与重庆展弘农业发展有限公司合作开办观赏园艺、生态旅游、办公文秘与外事接待、计算机信息管理等专业，学历教育与岗位培训并举，合作培养中、高级实用技术人才。

（3）面向社会开展培训服务。为促进城乡居民终身学习，学校广泛开展岗位培训、资质培训、知识更新培训，发展社区教育服务。一是干部培训。9年来举办各类干部培训班58期，培训干部3 855名。二是教师培训。6年来举办各类师资培训班20期，培训中小学教师8 924人。三是社区教育。依托涪陵电大建立社区学院，围绕“双百”城市建设和创新社会管理模式开展社区教育活动。四是成立奥鹏学习中心，与大连理工大学等5所院校联合办学，开展远程教育公共服务，满足社会多样化的教育需要。

2. 下沉重心构建体系

为适应开放大学办学体系建设试点需要，学校按照总部、学院、学习中心的组建架构，着力改变学校集中办学的传统模式，构建向上连接重庆开放大学，向下建立校外学习中心，构建开放大学办学体系。围绕办学组织体系建设，配套完善服务体系和支撑体系。

（1）构建办学体系。在试点过程中，根据涪陵产业布局、人口结构、需求状况采取联合办学方式，学校已在重庆建峰化工集团、涪陵一职中、涪陵监狱建立了3个校外学习中心，初步形成了一院（学院）三中心的体系架构。这些学习中心目前已开展招生办学和非学历培训。

（2）优化服务体系。一是按照“全覆盖、分层次、高标准”思路，整合集成、分类提供教学资源，适应多元化办学需要。二是加强网上教学。优化网络教学环境，探索网上教学新形式和移动终端学习。三是落实实践教学环节。按照应用型人才培养要求，推进“基于远程开放实验平台的课程实践教学改革”试点，多措建设实训基地，提高实训参与率和课程覆盖率。四是提升服务水平。立足学生实际，突出导学、助学环节，加强学习支持的针对性。完善网络平台“一站式”服务，优化集学习、指导、管理为一体的网上服务机制。

（3）加强支撑体系。一是提升硬件设施水平。学校建立了 100M 校园网、电大在线平台（分校版）、电子阅览室、卫星地面接收站等设施，有计算机 800 台，64 座双向视频多媒体教室 9 间，保证了教学需要。二是推进教育与技术深度融合。学院新建了远程教育咨询体验中心，实现了招生、咨询、体验、服务一体化。打造移动学习体验区、咨询服务互动区等，教学信息化水平显著提升。

3. 开放合作拓展功能

开放合作是开放大学的本质属性和重要路径。试点中学校不断加强与企事业单位、地方教育机构合作，探索开放大学基层学院合作办学新途径，拓展学校办学空间和功能，提升学校办学实力与水平。

（1）与工业园区合作办学。工业园区既是经济增长点，也是人口聚集区，远程教育潜在目标人群富集地。基于这一认识，学校与白涛化工园区合作办学，共建建峰化工集团学习中心，目前已开展招生办学和培训，发展前景良好。

（2）与企事业单位合作办学。学校与重庆金科集团、涪陵职教中心、涪陵一职中、涪陵区档案局、涪陵信息职校、创新计算机学校、涪陵育才武术职校等单位联合办学，目前已培训各类人员 1.4 万余人。

（3）与涪陵监狱合作办学。学校以开放、全纳理念作引领，与涪陵监狱合作建立学习中心，针对服刑人员开展远程教育，4 年来有 274 名服刑人员参加电大学习，其中 107 人获得大专毕业证书，24 人获得项目管理师职业资格证书。不但形成了有监管的远程学习特色，还促进了监狱的管理创新。

4. 特色育人打造亮点

在试点中，学校立足地方实际，巩固原有办学成果，探索新的办学育人模式，形成了学非并举、学用对接，中高衔接、量身打造等特色。

（1）学非并举。学校在试点中着力扭转单一的学历教育办学状况，非学历教育培训快速发展，目前已形成年培训 3 000 人次的能力。非学历教育的发展，适应了“双百”城市建设和城乡居民终身职业发展需要，学校办学结构更趋合理。

（2）学用对接。学校与涪陵化学工业公司开展“菜单式”人才培养，联合开办化工企业管理中专班，对口培养学生 110 名；与涪陵电力公司联合办学，招收职工就读奥鹏教育大连理工电气工程专业，对口培训学员 500 余人；与涪陵区教委联合开办学前教育专业，学用对接培养幼儿教师 600 余人。

（3）中高衔接。试点中积极探索中高衔接新模式。我校中职学生毕业后有 95%以上选择在电大读专科专业；专科学生毕业后又有 40%的人升入本科学习，形成了中职与专科衔接，专科与本科衔接的链条，促进了中专本一体化教育改革。

（4）量身打造。近年，重庆展禾农业发展有限公司在涪陵南沱和江北建设 15 000 余亩苗木花卉供应基地。该公司却遭遇到传统农民向新型产业工人转型的困惑，学校送教上门，为该公司量身打造中职园林设计与施工专业，培训农民工学员 300 余名。

三、内涵发展提升水平

建设新型开放大学，必须把内涵建设摆在十分突出的位置，只有通过内涵建设，才能改变电大办学的传统形象，提升人才培养质量，进而落实办百姓身边大学，服务人的终身职业发展的要求。

1. 多措推进内涵建设

开放大学的内涵建设，不同层级有不同的侧重，学校从自身实际出发，着力于环境建设和人的能力提升。一是网络环境。目前学校已形成天网、地网、人网“三网合一”的远程教育育人环境。教育信息化基础设施建设取得新的进展，基于网络的远程教育能力有了显著提高。二是应用能力。学校十分注意提升教职工利用信息技术开展远程教学和提供非学术性支持服务的能力，支持教职工参与远程教育技术培训。三是人才队伍。学校在编的 44 名职工中，有专业技术人员 29 人，专任教师 22 人；副高职称或硕士生学历人员占 36.4%；涪陵区科技拔尖人才 4 人、学科带头人 2 人、骨干教师 5 人。兼职教师 80 余人中，具有高级职称的占 29.3%。四是科研能力。学校为涪陵区社科联、邓研会、法学会、湘鄂渝黔四省（市）边区电大教育研究会会员单位，制定有明确的科研规划和奖励办法，支持教职工外出参加各类学术活动。近年来，学校职工出版著作五部，申报科研项目 5 个，取得科研成果 5 项（其中市级重点课题二个），教师撰写远研论文 100 余篇，公开发表学术论文 40 余篇。

2. 保障人才培养质量

从实际出发落实人才培养要求，强化过程管理和质量控制，提高人才培养质量，是“先行先试”的重要任务。一是在人才培养目标上，认真落实中央电大、重庆开放大学专业、课程、资源建设要求，突出“应用性高等专门人才”培养特色。二是在教学内容和课程体系设计上，严格执行教学规则要求，适度增加有特色的教学内容，切实加强实践教学；非学历教育培训注重学员应用能力和综合素质培养。三是在教学方式和手段上，坚持以学生和学生自主学习为中心，充分利用信息技术改善教学，为学生自主学习提供灵活、快捷，有支持的服务。四是在教学管理方面，形成具有远程开放教育特点的教学管理制度和教学质量保证体系。

3. 打造远程开放特色

学校在先行先试中着力推进办学体系开放，学习对象开放、学习资源开放，学习模式开放，致力于办百姓身边的开放大学。一是办学体系开放。除本部外，学校还建了一批基层学习中心，与众多的社会单位合作办学，远程教育的触角已延伸到街镇企业，形成了开放的办学系统。二是学习对象开放。面向所有的学习者办学，为一切有学习需求的机构、人员提供学习机会，关注特殊人群的教育与学习，践行终身、全纳的教育理念。三是课程资源开放。学校整合集成、分类利用电大系统及其他高校、教育机构课程资源，利用互联网平台，提供远程学习者使用，向社会免费提供非学历教育、岗位职业技术教育培训资源，形成了有偿使用和免费利用并行的格局。四是学习方式开放。通过不断的探索和实践，形成了以混合学习为主，有支持的学习，有监管的学习，个别化自主学习等形式多样，特色鲜明的远程教育学习特色。

4. 人才质量社会认同

学校办学 30 多年来，为涪陵经济社会发展培养输送毕业生 7 万余人。在全区总人口中，每千人有 6 人毕业于电大，有 1 人正就读于电大。全区大专以上学历的毕业生，电大学生占总量的 47%，成为地方经济社会发展的中坚力量和单位骨干。前区委书记、重庆市副市长张鸣曾指出，电大为涪陵培养了几万人才，为涪陵教育发展做出了重要贡献。电大的人才质量社会认同，学校办学政府满意、社会满意、学生满意，赢得了社会和媒体的广泛赞誉。

重庆开放大学建设，为我们展现了美好愿景。先行先试的涪陵学院（筹）在终身教育理念引导下，走出了办百姓身边远程教育的第一步。随着重庆开放大学的建立，面向库区移民、城乡居民办百姓身边的大学，服务人的终身职业发展需要，助推“双百”城市建设和学习型社会发展，必将取得新的进展。

合川电大：服务国家战略 践行社区教育使命

2018 年合川区依托合川广播电视大学，挂牌成立了合川区社区教育学院，学院负责指导和组织实施全区社区教育工作。合川广播电视大学以此为契机，秉持开放办学理念整合办学资源，努力把合川电大建设成为区域市民终身学习的指导服务中心，现已组建了 30 个镇街社区教育学校，417 个行政村（居）社区教育学习中心，形成了区、镇街、村（居）三级社区教育网络，构建了社区教育网络化三级办学服务体系，拓宽了学校服务市民终身学习的路径，完善学校“多元一体、融合发展”的体制机制，为合川终身学习服务体系的构建做出了积极贡献。

一、凝炼“1231”工作思路 引领社区教育新发展

合川区社区教育学院在区委区府的坚强领导下，贯彻国家方针政策，服务国家重大战略，践行社区教育使命，凝炼出了“1231”的工作思路，即践行一个理念，借助两个抓手，打造三大阵地，传承一种文化。

（一）一个理念贯始终

深入践行陶行知“生活即教育”理念。以此为指导思想，在社区教育工作中倡导“教学做合一”的社区教育方法论，教师在做中教，市民在做中学，教、学、做有机结合，以生动有趣的方式开展社区教育工作。

（二）两个抓手上下联动

历经反复的调研和论证，社区教育学院制定了以工作机制的建立和组织资源的整合为先行，牢牢抓住课程内容的建设和师资力量支持

服务这两个抓手的战术思路。

（1）整合资源，建立机制。本着资源共享、人尽其才、物尽其用的原则，学院在区委区府的领导和支持下，整合了包括成人教育学校、职业教育学校、志愿者团队、学习型组织和其他社会组织资源，建立起上下联动、横向互动的机制。联合人社局、科委、文化委、文明办等区级部门，为社区教育提供人力、物力、技术、场地等资源，达到互利互惠、互联互通的目的。

（2）聚力人才，建设队伍。区社教育学院组建稳定专业的管理队伍和专兼结合的教师队伍，并通过外出考察学习、邀请专家讲座、建立一系列奖励评价机制等方式，逐步提升两支队伍的综合素质。

（3）开发建设课程体系。学院以合川地方文化为主线，以多元开放课程为特色，形成了“1+5+X”的课程体系。“1”是地方教材为主，传承合川的本土文化；“5”是五类课程自选，包括文化知识教育课程、职业技术教育培训课程、公民素养教育课程、家庭生活教育课程、金融经济教育课程；“X”是若干镇街的特色课程。

（三）三大阵地突出特色

合川区社区教育学院以提高道德修养、提升人文精神、提高职业技能委宗旨，精心打造“三个讲堂”，以“道德讲堂、人文殿堂、工匠学堂”为阵地，充分发挥社区教育在道德情操、人文素养，职业技能，生活情趣培养和和谐社会建设中的重要作用。

1. 道德讲堂，立德树人

（1）南津街街道：南津街街道组建的蒲公英志愿服务队现有注册志愿者 2.8 万人，覆盖 30 余种职业。他们坚持党群联动，聚是一团火，散是满天星，做实志愿服务，为社区公益事业做出了贡献。

（2）三汇镇：三汇镇社区教育学校组建了“老村长”志愿者宣讲队，通过“身边人讲身边事”，破旧习、树新风，用群众听得懂的话有效传播中华传统民族文化，助推乡村文化振兴。

（3）三庙镇：三庙镇社区教育学校组建“五老”（老党员、老干部、老军人、老教师、老职工）工作室，以“五老”工作室为载体，有力推行了市民道德教育。一是做优“五老+宣讲”，二是做实“五老+调解”，三是做细“五老+关爱”。

（4）双槐镇：双槐镇社区教育学校传唱“双槐善歌”，用善心和善行带动群众参与社区治理、乡村振兴等，提升社区居民生活品质。

（5）香龙镇：香龙镇社区教育学校一方面坚持每年邀请书法名家、本土的书法爱好者写春联，免费赠春联。另一方面坚持每年举办春晚，让市民自编自导、自娱自乐，并在晚会上表彰好人好事。

（6）狮滩镇：狮滩镇社区教育学校在老街成立了“法治茶馆”，邀请镇领导、法官、律师、文艺骨干、模范人物等前来茶馆品茶学法。

（7）盐井镇：“村民说事”采取“问、提、议、办、晒、评”六个步骤，实现“小事不出村、大事不出街道、矛盾不上交”的目的。“村民说事”制度增进了干群关系，促进了基层的和谐稳定，为盐井镇社会治理和经济发展做出了贡献。

2. 人文殿堂，文明润人

（1）合阳街街道：合阳街道社区学校以“文韵书香、幸福合阳”为目标，开展安全法制、社会公德、家政等市民培训，关注健康、休闲等老年人培训，突出体育、绘画等青少年兴趣培训。

（2）钓鱼城街道：钓鱼城街道以盐溪桥社区为试点，对老年人进行了全方位的服务。一是老有所学。二是老有所为。三是老有所乐。四是老有所依。

（3）涞滩镇：涞滩镇社区教育学校着重展现古镇的悠久历史，一方面组织“小手拉大手”活动，让大家讲好涞滩的故事；另一方面组织画涞滩风景比赛，展现传统村落的自然环境、民风民俗、传统文化、古刹古庙等，扩大涞滩的影响力。

（4）龙凤镇：龙凤镇社区教育学校抓住龙多山资源，编辑了《乡村旅游发展》《龙多山》等他课程；整理龙多山的碑刻题记；组织龙凤镇的群众参与培训，当好“导游”，同时在中小学生中大力宣传，写好中国汉字，传承书法文化。

（5）草街镇：小小古圣寺，赫赫陶行知。草街镇社区教育学校大力发展红色旅游和文化旅游。培养“小先生”，宣传介绍陶行知先生一生的伟绩；培养学生“二十三常能”，提高自我管理能力；组织农耕比赛，传承农耕文化。

（6）肖家镇：肖家镇社区教育学校编辑卢作孚故事，大力宣讲卢作孚故事，弘扬作孚先生“实业救国”的精神；与川剧团合作组织川剧讲座，了解川剧的相关常识，让市民懂得欣赏与传承川剧。

（7）钱塘镇：钱塘镇社区教育学校借助金子沱武装起义大力宣传红色文化。编辑金子沱武装起义的故事，组织讲故事培训和比赛。

（8）云门镇：游英雄故里，传英雄事迹。云门镇社区教育学校，抓住少年英雄刘文学这一典型，在广大党员群众中唱刘文学歌曲，组织学生参观双江小学，印制发放刘文学连环画。每年组织广大党员干部到刘文学墓前扫墓，收集整理刘文学事迹，以多种形式传颂英雄。

（9）古楼镇：古楼镇社区教育学校一是与顺丰速运联合开展枇杷电商培训；二是与相关厂家牵线搭桥，开发出川贝枇杷片、枇杷膏等产品；三是组织农家乐经营管理培训；四是与古楼小学联合，培训导游“小专家”。

（10）双凤镇：双凤镇社区教育学校着力打好旅游牌，坚持“美村”导向，围绕厕所革命、农村垃圾、生活污水治理、村容村貌整治提升等方面打出农村环境整治“组合拳”。

3. 工匠学堂——技能传人

（1）合川区社区教育学院广泛宣传重庆市非遗项目“合川桃片”，组织桃片制作培训，开发社区教育课程，“非遗之桃片”课程 2019 年被评为重庆市社区教育特色课程。

（2）合川峡砚艺术瑰宝。合川峡砚已是重庆市级非物质文化遗产，合川区社区教育学院定期邀请易宗成等峡砚传承人到各中小学、社区进行授课，并编制合川峡砚的教材，推广峡砚制作技术。

（3）官渡镇：社区教育工作重点是对市民进行农业技术培训指导，组织培训班、开专题讲座、办宣传栏、开院坝会、请专家到实地指导操作等多种形式，培训蚕农 150 多人次。

（4）隆兴镇：隆兴镇社区教育学校着重抓好油橄榄种植培训。一是邀请中国林科院油橄榄知名专家进行理论培训和现场技术培训。二是邀请以色列专家现场培训。三是组织合作社管理人员业务培训、农村实用技能培训。

（5）清平镇：清平镇社区教育学校以组织企业员工、农业剩余劳动力培训为重点，村企互动，构建社区教育体系。对企业员工的敬业精神和专业技能进行培训；对剩余劳动力进行技能培训，让农民忙时在田地，闲时在工厂，务农打工两不误。

三、主要成效

合川广播电视大学在转型发展中，加大社区教育基础能力建设，形成了一镇一品牌，一镇一特色，营造了区域全民学习的浓郁氛围，促进了和谐社会建设和电大的转型发展。

（一）构建新体系，政府有抓手

为加快合川的社区教育发展，学校努力创造条件，构建了从区社区教育学院，到街镇、村居网络化的社区教育三级办学服务体系。各级社区教育学校大力组织各类协会、群团，广泛开展社区教育活动，把社区教育主动融入社会，服务大众。社区教育三级办学服务体系的构建，为区政府推进学习型社会与和谐社会建设，提供了重要抓手，促进了终身学习体系的不断完善。

（二）街镇育特色，市级创示范

学校充分利用合作区丰富的历史、文化、旅游、人文等资源，着力打造社区教育品牌课程，大力开展具有街镇、村居特色的社区教育特色活动，培训市民专业技能，促进了合川社会经济的发展，同时也为合川区成功创建全国卫生城区，创建全国文明城区，创建重庆市社区教育示范区做出了重要贡献。

（三）转型添动力，学校大发展

社区教育的发展使学校的办学从城市校园走进了街镇、农村、企业、园区，极大地提升了电大的社会影响力和知名度，进而吸引了更多的学习者报读电大，促进了电大学历教育规模的提升，为电大发展增添了新的动力。社区教育办学服务体系的建立与工作的开展，促进了电大办学的转型和学历教育、非学历教育、社区教育多元化办学格局的形成，夯实了学校区域型终身学习指导服务中心的地位和转型建设的基础。

江津电大：整合资源建阵地 服务社会促转型

党的十九大提出了“办好继续教育，加快建设学习型社会，大力提高国民素质”的要求。开放大学积极顺应时代变革，利用完善的办学网络和灵活的办学模式优势，积极参与学习型大国建设的时代任务，整合社区资源开展社区教育，践行终身学习理念，建设学习型社会，加快实施转型发展战略，成为推动学习型社会建设的重要中坚力量。

2017年，通过层层努力推进，江津区政府出台了《江津区创建重庆市社区教育示范区工作实施方案》（江津府办〔2017〕4号），鼓励成人教育进社区、进学校、进企业开展文化素养、职业技能、生活休闲等方面的学习培训，为社区居民终身学习奠基、生活品质添彩，从而推动学习型社会建设。江津电大抓住这一契机，挂牌成立了江津社区教育学院，积极投身社区教育，矢志推进电大转型，通过加强组织保障、阵地建设、制度建设、师资建设、社区宣传等多方面践行电大转型发展，为市民终身学习搭建了“立交桥”，推动了电大的转型发展，为地方经济发展助力，为建设学习型大国服务。

社区教育工作的开展，需得有足够的活动和教学培训基地。我区社区教育刚起步的时候，在活动阵地建设上遇到了很多困难。有的镇街把阵地建设在中、小学，居民参加社区教育培训活动与中、小学正常教学秩序和安保任务时常发生矛盾，中、小学无奈只好关闭场地，无法支持开展社区教育活动。有的镇街临时租用房屋开展活动，检查验收后因租金问题又不得不关闭。有的镇街干脆因为场地问题开展不了活动。而镇（街）政府在现有财力下，新建专门的社区教育场地的意愿也很低。如果连基本的活动阵地都没有，社区教育就无从开展。江津广播电视大学在充分调研后，提出多维度盘活存量资源解决社区教育学校建设的阵地问题的工作思路，保证了社区教育活动、教学培训的正常开展，推动了我区社区教育的良性发展。并探索出了社区教育阵地机制建设的“江津模式”，充分整合了现有场地、人力资源，促进了江津区社区教育工作的有序开展。为2018年江津区成功建设重庆市社区教育示范区、2018年和2019年获得市级以上社区教育相关奖励共13项创造了有利条件，奠定了坚实基础。为此，江津区委、区政府及时提出了创建全国示范区的工作目标。

一、思路一：盘活既有教育场所资源

（一）整合基础教育场地资源

中小学有着丰富的教育教学场地，在节假日，尤其是寒、暑假却闲置严重。在保障教学和安全的前提下，充分利用中小学寒、暑假时间开展社区教育是可行的。江津广播电视大学和江津区教委共同行文要求全区的中学、小学在节假日要向社区居民开放学习资源（体育场馆、图书室、电子阅览室、多功能室），配合开展社区教育，这样以时间换来了空间，解决了场地匮乏的燃眉之急。

（二）整合中高职教育场所资源

为了充分利用中职、高职学校的教育资源充实全区社区教育基地，经多方协调，在国家级示范职高重庆工商学校和重庆江南职业技术学校成功创建了社区教育学院工商职业分院和江南职业农业分院。两所分院分别承担社区教育相关工商职业技能、农业职业技能的居民学习需求调查，培训指导；制作和引进教材及教育资源；开展各种形式的讲座和培训以及内容丰富、形式多样的教育活动；负责项目开发、咨询和理论研究；负责业务指导和组织实施。

（三）整合老年大学教育场所资源

老年教育是社区教育的主要内容之一，为了发挥江津区老年大学在社区老年教育的优势，我们创建了江津区社区教育学院老年大学分院。承担社区相关老年教育的居民学习需求调查与培训指导；制作和引进教材及教育资源；开展各种形式的讲座和培训以及内容丰富、形式多样的教育活动；并负责项目开发、咨询和理论研究以及业务指导和组织实施。

二、思路二：丰富社区场地存量资源

（一）利用文化场馆建设社区教育学校

为了解决镇（街）社区教育学校教学、培训场地问题和落实社区教育镇（街）主体责任，我们一是采取在镇（街）公共文化服务中心加挂社区教育学校的方法丰富建设社区教育学校阵地。二是充分利用文化服务中心场地和工作人员开展社区教育。三是对综合文化站这一镇（街）政府内设机构，加挂社区教育学校，社区教育的主体责任自然由镇（街）政府承担，加强了基层政府社区教育职能，为推行基层社区教育工作提供了组织保障。

（二）利用社区存量资源建设社区教育活动基地

1. 整合各级文物保护单位的资源

江津区社区教育学院充分挖掘、开发辖区内文保单位资源开展社区教育。几江街道利用重庆市级文保单位“江公享堂”打造社区教育基地——“几江文化大院”。江公享堂是重庆市文物保护单位，始建于明成化年间，现保存完好。是明代辅相江渊的府第，大门竖匾“江公享堂”，大门两侧有楹联“北极勋臣府，西川相国家”，门额之上正中部位嵌有竖匾“江公享堂”，为明成化帝朱见深为褒奖江渊功劳钦题。几江街道开发、利用江公享堂场地建设了“几江文化大院”作为社区教育的重要场地。开发了插画、茶艺、旗袍秀、形体训练等社区教育课程。2019年“大院课堂”获得重庆市终身学习活动品牌、“旗袍文化展示队”获得重庆市学习型团队表彰。大院专职教师陈静获得重庆市“百姓学习之星”称号。

白沙镇有着丰富的文保场地，尤其是在1938年初，国民政府国家审计部、陆军十六后方医院、国民党党史编撰委员会、中央图书馆、国立编译馆等中央机构迁建于白沙镇。重庆卫戍总部在白沙镇设立重庆市户口疏散白沙指挥所。后川东师范、国立女子师范学院等省内外一大批学校，纷纷迁建白沙，大、中、小学37所，在校学生达一万余人，人称白沙为“学生之城”。因文化的空前繁荣，白沙与重庆沙坪坝、北碚夏坝，成都华西坝名列四川著名的“文化四坝”。白沙镇利用抗战遗址打造了社区教育综合实践基地。开发了“周周乐”青少年小课堂、“风筝”非遗文化传承、“元宵文化节”文化传承等社区教育课程，目前，居民社区教育的知晓率和满意度都很高。白沙镇的社区教育已成为我区的一张靓丽名片，先后接待了重庆市社区教育指导中心的指导和綦江区社区教育考察团的参访学习。

2. 整合优质小区资源

白沙镇利用小区花园建设社区教育活动阵地——“五心社区”。

白沙镇社区教育学校向全镇居民提出“生活在社区，学习在社区”的倡议，把社区教育学习基地建在小区，方便居民学习。白沙镇利用锦鹤江城小区60亩中庭花园打造“五心文化社区中心”，传承和弘扬以“爱心、仁心、孝心、诚心、宽心”为特点的道德伦理文化。“五心文化社区中心”还拥有文创咖啡和占地1 000多平方米、拥有上万册藏书的大众免费图书馆。开展了“青年读书会”“五心你我他”等社区教育活动，着力提升小区居民综合素养。

3. 整合生产基地与培训中心资源

石蟆镇是一个人口超10万人的农业大镇，有经营较好的现代农业企业和农业合作社、种养殖大户。为了用好他们的技术、管理经验帮助更多农民致富，经石蟆镇社区教育学校协调，把现代农业生产基地打造成社区教育实践基地，开展现代农业课程的实践、学习活动。

白沙镇是一个城镇人口较多的大镇，青少年群体集中。为了丰富青少年节假日和寒、暑假课余生活，白沙镇社区教育学校把辖区内培训机构打造成青少年社区教育学习基地，由培训机构在节假日、寒暑假向辖区内青少年免费提供一定相应的美术、舞蹈、书画课程。

4. 依托村（居）便民服务中心建设社区教育学习中心

村（居）便民服务中心都是建在居民聚居区，学习资源也比较集中，方便村（居）社区教育集中课程的培训、学习。江津区广播电视大学通过调研、协调，江津区社区教育学习中心都成功建在了村（居）便民服务中心。

江津区充分调研，因地制宜，多方协调，解决了社区教育当前阵地建设不足的问题，保证了社区教育学习、培训、活动的顺利开展，完善了社区教育学院—社区教育学校—社区教育学习中心三级办学网络，推动江津区社区教育事业的蓬勃开展。

渝中区分校：实施“4321 工程”服务渝中发展

一、实施背景

（一）落实国家战略的需要

习近平总书记在十九大报告中指出，建设教育强国是中华民族伟大复兴的基础工程，必须把教育事业放在优先位置，深化教育改革，加快教育现代化，办好人民满意的教育。成人教育作为高等教育的一个重要组成部分，是国家培养技能型人才的重要载体，对建立学习型社会，提升全民族的整体素质具有重要意义。作为服务区域经济社会发展的地方性高校，应该结合自身优势，加快学校转型发展的步伐，推进人才培养模式改革，为地方经济社会发展提供相应的智力支持和人才支撑。

（二）服务区域发展的需要

渝中区地处长江、嘉陵江交汇处，三面环水，西面通陆，全区水陆域面积为 23.71 平方千米，常住人口 71 万。渝中区是重庆的金融中心、商贸中心、信息中心和文化中心。《重庆市渝中区人民政府工作报告》（2019 年）指出，金融、商贸是渝中区产业的龙头，是支撑渝中高质量发展的“压舱石”，要提质增效、做优做强。其次，要大力发展楼宇经济，加大政策引导和支持的力度，加快建设现代服务业集聚区，加快推进凯德来福士、重庆中心项目等一批高端载体。第三，用心用情保障和改善民生，社会事业注重优质均衡，提高公办幼儿园、普惠性幼儿园覆盖率。社区治理突出融合共享，加强社区工作者管理，培养一批“全能+专业”型社区工作者。

重庆广播电视大学渝中区分校，以重庆开放大学建设基层单位试点项目为转型发展契机，深入研究渝中经济社会发展特点，围绕“文商”主题，以“4321职业素养学历提升工程”项目为抓手，打造了系列符合渝中实际需求的特色专业。

（三）学校转型发展的需要

近年来，学校在学历教育、非学历培训和社区教育三方面均有不同程度的突破，但是目前仍未完全形成合力，没有形成三者统筹发展、协调共进、融合互补的良好态势。如何调整学校的整体办学模式，改革人才培养方式，更好地服务地方建设；如何实现教育供给侧结构性改革，通过调整专业设置，革新课程体系，改革教学内容，变革考核形式，实现学校内涵式发展；如何将学校的转型发展与政府部门、企事业单位的现实需求相结合，为渝中经济社会发展提供智力保障和人才支撑，是学校当前需要着力思考和解决的问题，也是学校转型发展的现实需要。

二、项目实施

（一）项目设计

2017年，学校秉承“服务终身学习，打造首善品牌”的办学理念，以“重庆开放大学基层单位试点建设项目”和“重庆广播电视大学特色学院试点项目”为契机，提出了实施“4321职业素养学历提升工程”的总体思路。

“4321职业素养学历提升工程”，即开设工商管理、会计、学前教育、社会工作、护理五个专业，对接基层一线的楼宇企业职工、幼儿园教师、社会工作者、医院护士四大职业人群，推动实施课程体系、教学内容、人才培养摸式三大改革，校行、校地两主体共同实施职业素养学历提升工程，为渝中经济社会发展培养人才，打造学校转型发展的办学特色。

在“4321职业素养学历提升工程”之下，包含了四个子项目，即楼宇职工学历提升助力计划、学前教育师资队伍学历提升助力计划、街道社区工作人员学历提升助力计划、护理人员学历提升助力计划。

（二）具体实施

1. 深入实地考察，发掘社会需求

2017 年，学校组织教师深入渝中区街道、社区、幼儿园、企业等基层单位认真开展调研，通过实地走访调查，发放调研问卷两种形式收集数据，并编写“调查问卷分析报告”。以此报告为依据，结合渝中区的区情和政府工作重点，提出了面向一线基层职工的“4321 职业素养学历提升工程”项目草案。

学校在渝中区政府的支持下，分别召开了区教委、区民政局、区总工会、区文旅委、重庆电大校领导及相关职能部门负责人的座谈会，讨论了“4321 职业素养学历提升工程”项目草案，并就具体实施方案提出指导意见。学校根据修改意见，形成了“4321 职业素养学历提升工程”项目的最终方案。

2. 联合政府部门，出台助力计划

根据《4321 职业素养学历提升工程》项目，学校将联合区教委、区民政局、区总工会、区卫计委等政府职能部门，在工商管理、会计、社会工作、学前教育、护理五个专业推行学历提升工程，通过变革人才培养模式，调整课程体系，改革教学内容，对接渝中区经济社会发展需求，为地方建设提供人才保障。

2018 年 2 月，学校在渝中区教委的支持下，推出了《重庆市渝中区教育委员会关于学前教育师资队伍学历提升助力计划的实施方案》（渝中教〔2018〕24 号文），该计划旨在进一步提高辖区内幼儿园教师，加强教师的专业素养，满足社会对高质量、高水平学前教育的需要。2018 年 6 月，学校在渝中区总工会的支持下，推出了《渝中区总工会关于楼宇职工学历提升助力计划的实施方案》（渝总工〔2018〕76 号文），该计划旨在通过 5 年的时间，为渝中区 500 名楼宇企业职工提升学历、能力和技能，建设一支知识型、技能型、创新型劳动者大军。未来，学校还将继续联合区民政局、区卫计委出台相应的助力计划，为地方经济社会发展服务。

3. 整合特色资源，打造品牌专业

项目推广之后，赢得了广泛的社会关注，也取得了良好的招生业绩，但是把学生招进来并不是我们的目的，为他们提供优质的教学服务，帮助他们更好地提升自我才是学校工作的重点。为此，学校整合了校内外多项资源，为学生量身打造特色课程，建设品牌专业。

以“学前教育师资队伍学历提升助力计划”项目为例，第一，学校邀请知名幼儿园园长、教育学专家多次召开学前教育专业特色课程建设研讨会，共同探讨并制定出《学前教育专业特色课程的设计方案》。第二，聘请教育领域的知名专家李大圣教授，渝中区区级机关幼儿园园长、渝中名师庞青等为我校的客座教授，为学前教育助力计划班的学员授课。第三，学校积极争取市校的支持，开展选修课的改革，提升人才培养质量。结合渝中区社会发展对学期教育工作人才的需求，经过大量调查研究和深入分析，经国家开放大学和市电大批准，我校申请了全国独一无二的特色课程“幼儿游戏活动的设计与组织”。第四，组织学前教育助力计划班的学员到具有丰富办园经验和悠久办园历史的渝中区红岩幼儿园，进行现场教学观摩活动。通过这一系列特色课程的设计，我校将学前教育专业打造成了深受用人单位和学员认可的品牌专业，同时也为提升渝中区学前教育师资队伍的专业能力和教育教学水平，助推渝中教育高质量发展做出了应有的贡献。

4. 开拓创新，实现三教融合

学校充分发挥挂牌渝中区社区教育学院的优势，将学历教育、非学历培训和社区教育三教融合互通，相互促进，共同发展。学校开设的社会工作专业，招收的学员多为辖区内街道或者社区的工作人员，他们的课程安排既有教学计划上要求的理论知识，又有非学历培训的专家讲座，同时还有社区教育的观摩学习、团队讨论等多种学习形式，实现了三教相互融合、互补、促进，创新发展的新模式。

5. 多方筹措资金，落实教育惠民

为鼓励学员学习，将教育惠民落到实处，学校多方筹措资金对学员费用进行减免。“学前教育师资队伍学历提升助力计划”项目，学员学费由区教承担 20%，学校承担 10%，学员所在幼儿园承担 10%，学员本人承担 60%。“渝中区总工会楼宇职工学历提升助力计划”项目，则是区总工会承担 40%，学校承担 10%，学员本人只承担 50%。“渝中区街道社区工作人员学历提升助力计划”和“渝中区医疗机构推荐护理人员学历提升助力计划”则是由学校一次性减免学费 800 元。

6. 规范教学管理，加强过程指导

学校在落实制度保障的前提下，通过狠抓过程管理、常规管理，切实提高教学管理质量。

（1）把控教学关键环节。

教学过程管理要着重监督关键环节。所谓教学关键环节，是指对教学教务管理质量有重要影响的环节，学校对每个班级教学计划要严格审核，对期末形成性考评作业及各种过程性考核要一一审核验收，以确保教学效果不打折扣。

（2）落实归档管理。

教学教务工作的过程性材料是重要的档案资料。学校对招生、教学、教务、考务、学籍等各个环节的工作都建立了专门的档案，由专人负责以学期为单位收集整理。助力计划班的学员档案则由所属班主任按照学校档案管理要求进行归档管理，由学历教育部负责检查，校务部负责存档。

（3）定期教学检查。

教学检查是落实过程管理的重要手段，其目的是以检查促规范，以规范保质量。在学前教育助力计划实施的过程中，除了接收市电大和渝中区教委的常规检查之外，学校还定期邀请专家对项目实施的情况进行检查评估，以确保学员学有所获。

（4）完善评价体系、标准。

以教学评价为抓手，建立完善的评价体系，科学化的评价机制，才能全面提高项目实施的效果和水平。

助力计划实施以来，学校建立了定期回访学员及学员单位的制度，对学员的学习情况、学校教学支持服务的情况、参加学习以来的进步和变化等问题进行跟踪反馈，这对调整助力计划的具体实施过程具有建设性的意义。

三、主要成效

（一）社会效益显著，学员反馈良好

“4321职业素养学历提升工程”的实施，为提升全民族的素质做出电大人应有的贡献。学校推出的四个助力计划针对四大人群的学历提升，制定了相应的学费减免政策，让学员得到最大的实惠。以“渝中区总工会楼宇职工学历提升助力计划”为例，根据“几个一点”的思路，即：渝中区电大减免10%，渝中区总工会资助40%，学员自己承担50%。学员可以以较小的经济负担来完成学业，在助力学员自身成长的同时，也为渝中楼宇经济高质量发展提供了智力支持和人才支撑。

另外，学校以更贴近学员需求的课程设置，以灵活多变的教学设计，让学员可以真正做到“学有所获，获能所用”。通过项目一年多的推广实施，从学员和用人单位的反馈中，也确实证明了这一点。以“学前教育师资队伍学历提升助力计划”为例，通过带领学员们走进知名幼儿园参观学习，观摩名师的公开课，聆听报告、讲座等多种形式进行学习，对于大多数来自民办幼儿园的老师们来说，这是一次不可多得的成长机会。来自园方管理者的反馈显示，学员们通过学历进修，专业素质得到增强，专业能力也有很大的进步。在国家开放大学2019年学前教育专业学生幼儿集体活动优秀案例评选活动中获得三等奖。

“楼宇职工学历提升助力计划”自实施一年以来，共惠及30余家企业，100余名学员。2018级学员贾海兵，通过学校的引领，自身的努力，从普通员工晋升为公司的中层管理者，为公司创造了更多经济效益的同时，也更好地实现了自我。

（二）学历提升工程，促进学校发展

1. 招生规模显著扩大

“4321职业素养学历提升工程”实施后，招生人数显著上升。学校从2017年开始进行计划前期的调研和论证，2018年春季第一个助力计

划“学前教育师资队伍学历提升助力计划”正式实施，2018 年秋季其他几个计划陆续落地。从招生数据上看，前后对比非常明显。

表 1 渝中区分校 2016—2018 年招生人数

年度	2016 年	2017 年	2018 年
招生人数	334 人	379 人	1 258 人

从上表可以看出，2017 年之前，学校的招生人数进步非常缓慢，自从 2018 年开始实施“4321 职业素养学历提升工程”以来，2018 年的招生人数比 2017 年增加了 879 人，增长率为 231.93%，效果显著。

2. 人才培养模式持续改革

“4321 职业素养学历提升工程”是学校正在推进的“重庆开放大学基层单位试点建设项目”和“重庆广播电视大学特色学院试点项目”的重要内容。学校以学历提升工程为抓手，广泛推动学校管理模式、教学模式、科研教研等各方面工作变革，通过调整课程体系，改革教学内容及考核形式，实现人才培养模式的变革，最终实现学校内涵式发展。

学历提升工程实施以来，学校申报了市级重点课题一项，区级重点课题一项，申报了特色课程一门。学前教育专业形成“基于园、校双边联动”的教学模式。工商管理和会计专业形成“校企合作双主体培养”的教学模式。未来，学校还将继续推动人才培养模式改革，以教研科研推动课程体系改革和教学内容革新，在提升学校综合办学实力的同时，为渝中区培养更多实用性人才。

四、思考与改进

（一）总　结

“4321 职业素养学历提升工程”的实施让学校重新焕发了生命力，进一步助推了学校教育事业的发展，提升了学校的综合办学实力，扩大了学校的社会影响力，形成了学校的教育品牌，最终为渝中开放大学建设奠定了坚实的基础。同时，因为办学成绩突出，学校先后获得全国优秀成人继续教育院校、重庆市社区教育先进集体、重庆广播电视大学招生先进集体、重庆广播电视大学优秀教务集体等荣誉称号。

成人教育必须根植于地方经济社会发展之中，在服务区域发展中谋划自身建设，成人教育才能成为“有源之水”。专业的建设与发展必须是与时俱进的，必须契合当前的社会、经济发展的状况，必须为地方经济、社会发展提供智力支持和人才支撑，专业的建设与发展才能永葆青春和活力。同时，地方经济社会发展又势必会为专业的建设与发展提供新的平台和机遇，促进专业成长。成人教育必须对接产业、亲近行业、携手企业，适应并引领产业发展方向，为行业和企业发展提供高质量的有效支撑。

（二）改　进

学校要进一步加强三教融合互通，实现学历教育、非学历培训和社区教育互建、互用、互为支撑的新模式，在专业建设、课程资源、师资培训等方面形成合力，促进学校转型升级，实现内涵式发展的新局面。学校要以学历教育为基础，拓展非学历培训的范围，扩大社区教育的影响力，要进一步探索校行、校地两主体合作模式，拓宽办学空间，争取政府部门、行业协会、企事业单位更多的支持配合。

学校将继续肩负好成人高等教育院校应尽的社会责任，在习近平新时代中国特色社会主义思想指引下，贯彻落实好全国教育大会精神，大力推进教育惠民政策，持续增加教育惠民力度，积极助推区域高素质人才培养，为重庆经济高质量发展做出我们应有的贡献。

九龙坡分校：开放社区大融合，教育惠民谱新篇

重庆电大九龙坡分校集九龙坡电大、区成教中心、区社区教育学院三块牌子的功能为一体，履行着区域远程开放教育、全民终身学习公共服务、社区教育的供给职能。为发挥好综合办学功能，学校发扬开放办学、开放发展的精神，以服务全民终身学习为第一要义，以满足“学习者广泛性、学习需求多样性、学习方式灵活性、学习资源优质性”四方面需求为基本要求，以服务创新为关键，以搭建平台、整合资源、构建机制、开放办学为根本方法，着力推进开放教育与社区教育大融合，构建起了开放教育、社区教育与社会培训包容共生、互动发展的新路径。

加强办学内涵建设，培育发展新动力。学校胸怀“育人兴学，有教无类”的理想，立足新时代社会发展对教育提出的新要求，根据“一体多元三融合”的总体定位，不断加强内涵建设，担当起“教育惠民”的光荣使命。一是坚持强化内涵建设。以“六大工程”（文化建设工程、团队建设工程、制度建设工程、信息化建设工程、系统建设工程、品质建设工程）为引领，以“发改项目”（每年推出学年度发展改革项目，驱动学校发展，促进教师提升）为驱动，大力推进“四化建设”（实体化、信息化、规范化、规模化），打造“三个电大”（品质电大、特色电大、示范电大）品牌，不断增强学校办学能力，提升办学的吸引力和服务能力。二是加强队伍建设。确立了学习型、服务型、创新型“三型”教师发展目标，明确了学习型、服务型、创新型、实干型、清廉型“五型”干部建设要求，持续开展转型能力提升培训，以“百川讲坛”请进来、“系统渠道”走出去、“网站校刊”追主流、“项目驱动”勤实践四种方式优化教风，提高师能。三是构建和谐办学系统。遵循“开放、服务、合作、共享”的理念，综合电大、中职、网院、社区教

育、老年教育、职业培训等办学功能，整合职能、渠道、地域、时间、空间五个维度的教育资源，构建价值观相同、目标一致、利益一体、模式体制机制多元的办学共同体，形成转型发展的系统合力，增强开放发展的内生动力。经过多年努力，学校的综合办学能力得到明显提升，已成为首批全国示范性基层电大、中央电大首批社区教育实验中心、国家开放大学首批社区教育实验基地、全国高校现代远程教育优秀校外学习中心、全国优秀继续教育院校、重庆市示范性基层电大，连续十年蝉联重庆电大系统年度综合考核一等奖。

改革优化教学模式，开创办学新局面。顺应“互联网+”发展趋势，聚焦“大众创业，万众创新”带来的发展机遇，学校不断推进学历教育教学改革，持续提升学历教育服务能力与水平。一是积极拓展学历教育办学空间。与高校合作开展“助力计划”进企业项目，服务企业转型升级，助力员工成长；积极参与重庆市“开放中职”项目办学试点，探索远程教育与职业教育相融合的新路径。二是改革创新教学服务模式。开展“线上线下混合教学”探索，构建品质课堂；以信息技术为支撑，持续优化升级“学习支持服务体系”和“教学质量保障体系”；开展“走进慕课世界，体验翻转课堂”教学探索，带给学员不一样的学习感受；坚持开展基于网络的考试改革并取得成功，先后被评为中央电大“基于网络考试改革先进单位”、中央电大（国开大）“优秀考点”、全国高校网络教育基础课程统考“优秀考点”、重庆电大考试改革“特别贡献奖”。多方位的探索与改革，取得了良好的成效，学历教育品牌得到社会广泛认可，办学规模稳中有升，位居全市电大前列。学校现有成人教育学生 8 600 人，远程中职学生 2 500 人，已成为九龙坡区终身教育体系的重要支撑力量。

打造社区教育品牌，点燃发展新引擎。一是构建社区教育组织体系，完善社区教育阵地。推进以“区社区教育学院—镇（街）社区学校—社区（村居）社区学习中心”为主体架构的社区教育三级办学体系建设，目前已在 19 个镇（街）建立了社区学校，75%的村镇建立了学习中心，逐步形成了“一校 N 区”的办学阵地。成立区老年大学开放教育学院，丰富老年教育供给渠道，最大限度满足老年群体学习需求。二是在全市率先开展区政府购买社区教育服务试点，着力构建政府购买社区教育服务的新机制和项目驱动新引擎，并将社区教育纳入九龙坡区对镇（街）的年度综合目标考核体系。三是创建社区教育品牌项目。首创并连续九年开展“九龙电大杯”社区文化艺术节、全民终身学习活动周活动，建设了社区教育东西部两大实验基地、六个社区教育数字化示范学习点，上线运行了九龙坡区全民终身学习网站，开展了数字化学习推广、“四进社区”（教育服务、传统文化、科普教育、高雅艺术进社区）、种子计划、社区教育干部培训等活动，得到广大社区居民的喜爱和支持。近年来，学校为全区打造了两个全国社区教育品牌活动、两个全国社区教育示范街镇、三个重庆市社区教育品牌活动、四个重庆市社区教育品牌课程、五个九龙坡区社区教育示范街镇。向全国推送了三个全国百姓学习之星，28 个全区百姓学习之星，有力地促进了全区全民终身学习的发展。学校所在的九龙坡区先后被评为重庆市社区教育示范区、全国数字化学习先行区、全国社区教育示范区。

构筑开放办学思路，拓展培训新路径。学校充分利用开展社区教育的资源优势，积极拓展社会培训项目。立足社会多样化的培训需求，开展定制培训、校企合作培训、多元合作培训的新探索，主动对接政府职业培训多元化服务渠道，构建社会培训的新平台，积极支持政府购买教育服务新举措。2018 年学校正式成为九龙坡区就业服务管理局创业培训定点培训机构，不仅开展了大学生 GYB、SYB 创业培训，还开展了微电商创业培训、幼教师资（干部）培训、保育员培训、职业（经营型）农民培训等非学历教育培训项目。近年来，学校年均培训学员达 10 万人次。

面对新时代对教育的新要求与新挑战，学校将秉持“一体多元三融合”发展理念，继续坚持有梦想、有担当、有奋斗、有作为的信念，不忘初心、砥砺前行，在区域学习型社会和终身教育体系建设中发挥更大作用。

大渡口分校：三教融合发力，服务“新区品城”增效

十三五期间，大渡口区委区政府提出了全面贯彻新发展理念，紧紧围绕“新兴产业之区、品质生活之城”（简称“新区品城”）的建设目标，作为植根于区域经济社会发展的基层电大，必须主动作为，紧紧围绕区域经济社会发展态势和政府工作目标开展办学活动，适应区域产业升级和社会发展的新要求。

随着大渡口区学习型社会建设的不断推进和市民对终身学习提出的新要求，传统的电大办学模式和单一的学历教育产品已不能适应市民素质提高、技能提升和满足品质生活的需求，作为基层电大，必须深化改革，调整结构，提升能力，统筹学历教育、非学历教育和社区教育发展，满足市民终身学习的新期待。

一、确立工作目标

立足大渡口区“新兴产业之区、品质生活之城”建设，以终身学习理念为指导，以建设市内一流开放大学基层学院为目标，坚持育人为本，实现全新定位，创新发展模式，提高办学质量，力争大渡口分校人才培养模式有新的突破，办学体制机制更加灵活，办学能力得到新的提升，把大渡口分校真正建设成为办学特色鲜明，办学优势明显，具有一定影响力的重庆开放大学基层学院。

（一）探索城市电大服务终身学习的实践路径

（1）做大做强开放教育。以教学为中心，不断提高教育教学质量，使之更加突显开放教育学院的办学优势。

（2）创新人才培养理念。推进人才培养模式的适应性变革。打造崭新的开放大学品牌，力争把我校建设成为市内一流的开放学院。

（3）三教融合统筹发展。全面提升学校的办学能力，拓展学校社会合作办学与服务社会发展的功能，统筹推进学历教育、非学历教育和社区教育发展，完善终身教育体系。

（二）夯实重庆开放大学大渡口学院建设基础

（1）发挥大渡口分校学历教育人口比例大、办学模式专注高效、一校多点体系化办学等优势，从区情校情出发加强办学基础能力建设，通过体制机制改革和编制争取、人事代理、长期聘用等多种方式，提升师资队伍的数量和质量，加强办学基础能力建设。

（2）优化完善一校多点体系化办学模式。借助国家整顿校外教育机构的机遇，严格校外办学点资质；加强与街镇、社区、企业合作办学，“公进民退”改善办学点品质结构；实施年报年查制度，加强办学点办学的规范化管理；建立风险防控保证金制度，加强基层办学点的风险防范。

（3）加强学校办学与信息技术的深度融合，争取多方支持，加大信息化投入。加强技术开发，极致发挥信息技术在办学、教学、管理、服务中的应用，打造“互联网+”的信息技术应用特色。通过信息技术的充分应用，弥补设施不足短板，彰显开放大学特色，把学校建设成为大渡口区全民学习、终身学习的指导服务中心和主要基地。

二、实施过程

（一）提升基础能力，适应学校转型需要

1. 加强学校硬件投入

为了进一步推进校园基础条件建设，提升办学能力，学校通过多渠道筹措资金，投入 160 余万元，分别用于校园环境、教室硬件配套和信息化设施建设。针对学校办学职能的多样化（统筹发展学历教育、非学历教育、社区教育），在 2016 年，学校重新规划校园文化建设，经过反复论证、精心实施，打造了以“开放教育与社区教育”为主题的校园文化环境。发挥“互联网+”的优势，新建多媒体教室三间，完善办公室等信息技术设施设备，加强新技术、新媒体的开发和在学校

办学、管理、支持服务等方面的应用。学校基础能力建设初见成效，校园面貌焕然一新。

2. 加强师资队伍建设

2017 年，学校出台了青年教师培训计划，制定了《班主任工作手册》和《班主任工作奖惩办法》，加强了学历教育管理人员的培训，建立起了一支结构合理、管理科学、凝聚力强的专业化管理团队，形成了管理人员发展梯队。通过培训带动学校师资队伍建设，以学习、培训、研讨、实践为抓手，以全面提升教师综合素质为目标，促进了教师的专业化发展，提高了教师队伍的整体素质。通过人事代理、长期聘用等多种方式，增加教师队伍的数量，提升教师的能力和水平。目前学校有专职教师 11 人，稳定的兼职教师 37 人，教学管理、学籍管理、招生工作、考试工作均有专人负责。建立和完善了兼职教师聘用、管理和考核制度。师资队伍的加强适应了三教统筹发展的需要。

3. 构建办学体系保障机制

针对一校多点体系化办学中可能出现的三级办学点隐患问题，学校采取多种措施构建风险防控机制，通过资质严审、品质改造、年报年查、建立风险防控保证金制度等，加强了三级办学点的管理，促进了办学体系的品质、优化结构，夯实了学历教育办学基础。项目试点以来，学校高等学历教育规模连续保持在 3 200 人以上，区域人口万人比达到 1%，居于全市基层电大之首。

（二）促进开放合作，夯实三教融合基础

（1）在抓好学历教育的同时，学校大力拓展各种非学历教育与职业技能培训。与蜀东财经学校合作，成立了蜀东财经学校大渡口电大分校培训点，在原来只有会计从业资格证培训、助理会计师培训的基础上，新增了建筑“九大员”培训与考试，已帮助 40 余名电大学员顺利拿到各类职业资格证书。

2018 年，学校与区老年大学合作，在我校开设了经络班、摄影班、英语班、手鼓班、葫芦丝班、英语班、文学班等特色化品质教育培训班，深受老年市民欢迎，扩展了学校非学历教育培训的服务范围。

（2）从 2016 年以来，与区工商局、就业局合作开展微企（SYB）培训，每年培训 4 期，每期时间为一周，每期培训约 40 人。微企培训详细讲解微型企业新政策及业务系统的流程处理，同时对微型企业的补助申请流程、回访审核时限、档案资料管理等有关规定和要求进行技术操作培训。

（3）从 2016 年以来，学校建立了与重庆市商务学校开展学前教育专科专业，与重庆市旅游学校开展行政管理专科专业合作办学的有机衔接机制，完善了与中职教育一体化的合作办学模式与保障机制，目前已有毕业生 120 余名，在读学生 60 余名。

（4）以“梦想课堂”为主体，多种特色培训活动为辅开展社区教育培训活动。现“梦想课堂”已纳入全区社区教育常规工作之中，全年平均开设 80 余节课程。社区教育学院在原有的课程菜单基础上，大力创新，及时更新了课程内容，确保了社区居民持续关注、积极参与到“梦想课堂”中来。当年，学校还举办了中华传统文化研习班和家庭教育报告会两次大型的讲座培训活动。

（三）促进转型深化，搭建终身教育平台

（1）2017 年，学校从发展终身教育的需要出发，建成了大渡口区终身教育网络平台——大渡口区社区教育网、微信公众号，进一步强化面向社会的教育支持服务能力。2018 年，学校充分利用已建成的网络平台，获得辖区内多单位的支持，联合多名专业教师制作微课程，包括“乱针绣”“五笔汉字录入中的汉字拆分原则”“太极拳”等，积极引导教师参与到终身教育中来，推动建设具有大渡口区本土特色的网络课程。

（2）社区教育是终身教育不可缺少的一环，为提高大渡口区终身教育和学习型城区建设，学校联合各街镇根据幼儿不同的年龄阶段，以“幸福妈咪课堂”“快乐成长”等活动为载体，广泛开展模仿生活、动物喂养、户外体育、亲子运动会、交通乐园等亲子教育活动和家庭教育讲座等，指导家庭对婴幼儿孩子开展寓教于乐的家庭教育活动。

暑期联合钢城实验学校举行社区学生“拥抱健康”暑期夏令营活

动。以学校、社区、家长为媒介，以三方教育为依托，建立学校、家庭、社会“三位一体”的全方位、立体化、多层次的社区教育体系，促进了家庭、学校、社会三结合教育的协调发展。夏令营给孩子们带来了欢乐，也给学校与社区间的合作积累了丰富经验。

通过开展“梦想课堂”活动，将创业、家政技能培训送到市民的家门口；通过开展社区就业、再就业、创业培训，促进社区居民技能提升，增进了就业；通过拓展社区远程教育，引导党员、社区群众学知识、学技术，让社区居民、村民不出社区就能了解时代动向；通过开展养生课程、花草养护、娱乐休闲等课程培训，丰富老年群体业余文化生活，彰显开放大学的办学特色，服务“新区品城”发展目标的实现。

（3）强化“梦想课堂”课程资源库建设，删除了没有被社区“点过课”的课程，增加了符合创业培训、养生美容等深受群众欢迎的课程，增强了教学资源建设的针对性、适用性、时效性；学校汇聚了以教育系统为主的全区社会组织的力量，全力推进各类资源的整合、配置，最大化地发挥了资源的使用效率，为发展终身教育，统筹三教发展提供了优质的资源平台。

三、条件保障

（一）组织保障

学校成立了校长任组长，区教委相关领导与学校相关部门负责人组成的大渡口电大分校转型发展与项目实施领导小组，领导小组下设四个办公室：项目统筹办、教师培训办、社区教育办、教学专业办，各办公室分工协调，定期召开工作会，研讨协调工作中的实际问题。

（二）人才保障

加强学历教育、非学历教育管理人员的培训，建立起一支结构合理、管理科学、凝聚力强的专业化管理团队，形成良好的管理人员发展梯队。落实好青年教师的培养计划，通过培训带动学校师资队伍的建设，以学习、培训、研讨和实践为抓手，以全面提升教师综合素质为目标，促进教师专业发展，提高教师队伍的整体素质。

（三）制度保障

研究起草《大渡口区开放学院建设方案》，明确学院的办学宗旨、性质、任务和功能，确定开放学院的组织架构、内部管理和资金筹措渠道等。

（四）经费保障

学校积极筹措经费160多万元，作为学校网上资源建设、区域全民终身学习网建设、社区教育特色课程建设以及新媒体开发、新技术应用等专项经费，保证了项目试点的基本需要。

四、取得的成效及推广情况

（一）学历教育规模稳定

通过发展横向办学合作，创新招生等方式，学校在校生人数常年稳定在3 200名左右，每年招生任务完成率居全市电大前列，招生万人比连续12年居全市第1名。学历教育保持了稳定发展的势头。

（二）办学质量稳步提升

结合转型发展要求，学校通过青年教师培训计划，打造了一支合作高效的专业教学团队，提高了广大教师在现代网络技术条件下的教学能力和教学水平。通过校本培训，强化了教职工的服务意识，提升了办学管理队伍的服务能力，简化了管理程序，提高了服务绩效。确保了教学“零事故”和“零差错”目标的实现。2018年，学校组织任课教师参与市电大第四届“微课大赛”并获得了优秀奖；我校学生张杰参与国家开放大学“我的学习故事” 演讲比赛，获得了全国优秀奖。

学校鼓励教师积极开展教研、科研工作。申报的重庆市社区教育科研课题“社区教育特色文化品牌的构建研究”“关于加强社区家庭教育工作，实现个性化在线教育培养模式的新探索”“创新社区教育载体，探索市民多样化学习形式”等课题研究，为学校转型发展提供了可供参考的解决方案。

（三）终身教育全面铺开

在构建终身教育体系的进程中，学校优化完善了“一校多点体系化”办学体制，形成了资源整合机制、系统管理机制和质量保证机制，促进了大渡口电大分校与区域内终身教育的发展。一是不断完善社区教育三级管理体制，通过经费投入、管理培训，符合硬件设施标准的社区教育教学点数量逐渐增加；二是不同年龄阶段的市民都能在电大找到满意的、符合自身发展需求的教育培训活动。三是紧扣区域经济社会发展目标办学，彰显了电大教育的社会功能。

在促进自身转型发展的过程中，大渡口分校以助力大渡口区“新区品城”的建设目标为指引，坚持“集中精力办电大，统筹三教增效益，以巧补短创特色”的思路，把重庆开放大学基层建设项目试点作为自身转型发展的抓手，发挥优势，扬长避短，主动融入地方发展和实施终身教育的工作，夯实了重庆开放大学大渡口学院的建设基础，取得了明显的成效。随着转型发展的深入推进，学校将进一步采取以“互联网+”制胜、完善体系化办学风险防控机制等策略，以巧补短，防控并举，着力解决好办学的短板问题，建设“小小巧巧、内涵丰富”的高品质电大分校，以实现学校转型发展，建设大渡口区开放大学的目标。

巴南分校：面向地方根植大众服务全民终身学习

巴南分校高度重视并积极贯彻落实重庆广播电视大学《关于推进全市电大系统基层电大转型发展的意见》精神，主动地适应新时代电大电大教育转型发展，及时将转型发展工作纳入学校“十三五事业发展规划”，成立了转型发展工作领导小组，定期研究、解决转型发展中的突出问题，以“准确定位、主动适应、积极转型”为出发点，扎实推进转型发展各项工作，实现了新时期学校电大教育事业内涵发展再上新台阶。

一、确立指导思想 明晰发展思路

推进转型发展工作以来，学校紧紧围绕“服务基层、服务地方”的办学定位，以社会需求为导向，确立了新时期电大教育人才培养工作的目标：即面向生产、管理、服务一线，培养具备“新理念、新知识、新技能”和“会设计、会操作、会管理”的应用人才。巴南分校十分注重教学过程规范与管理，围绕入学教育、面授辅导、网上教学、实践教学、考试考核、督导评价六个主要环节，规范教学过程，狠抓教学质量，保证人才培养目标的落实。

二、推进信息技术与教育教学的深度融合

近年来，教育部提出了教育信息化 2.0 计划，要求加强信息技术与教学的深度融合，以高起点、跨越式的方式推进我国的教育现代化。

学校积极投入信息化建设，不断推进信息技术与教育教学的深度融合。已建成校园网 100 M 带宽，多媒体教室 14 间，多功能学术报告厅 2 间，计算机网络教室 3 间，图书阅览室 1 间，其中专业音像资料 3 758

小时无线网络覆盖所有教学和办公区域。学校开通了远程教育实时交互视频系统，配备了先进的计算机房，安装了会计模拟实验室、工商管理实验室、计算机模拟练习系统等网络教学系统软件，能满足信息化条件下的远程教学的实时要求。

三、拓宽成长渠道 实施教师强校

学校现有在编教职工 55 人，专任教师 49 人，其中有研究员 4 人，高级教师 26 人，市级骨干教师 16 人、区级骨干教师 2 人、区级学科带头人 3 人，师资力量较强。

巴南分校以“校企合作、专兼结合、内培外引”的理念，采取六项措施大力加强教师队伍建设，为开放教育教学工作提供强有力的人才支撑。第一，引进紧缺教师、培养青年教师、聘请高端教师、利用社会资源，建立能够适应现代远程教育教学工作需要的专兼职教师队伍。第二，组织学校专兼职教师外出参加远程教育专项培训，不断提升自身素质。第三，优化各项规章制度，充分调动教职工参与电大教育教学工作的积极性。第四，依托课题研究，提升教职工科研水平。三年来，学校教师成功立项课题 5 项，结题三项。第五，鼓励教师深入生产一线，参与基层社会实践与管理，大力推进“双师型”教师培养，现专任教师中“双师”比例达 90%。第六，深入推进“一师一优课、一课一名师”活动。实施教师信息技术应用能力提升工程，强化教育信息化应用能力培训，按时保质完成培训理论学习和微课制作考核任务，学校选送的微课“玩转 PVC”作为重庆市的两件作品之一参加了教育部的全国优秀成果展示。

四、对接企业需求 探索特色办学

近年来，由于区域产业结构调整和经济的强劲增长，巴南区人才需求总量、需求的规格和层次呈迅速上升趋势。巴南分校密切关注区内企业人才需求，主动融入发展，借势而为，积极推进校企合作，先后与大江厂、宗申动力、重庆生物医药产业园等多家知名企业单位建立人才培养合作关系，探索“以职业人为核心的职业导向式人才培养模式”，在实践中探索出就业为导向，以学用结合为目标，校企开展产学研合作方式进行“订单”式人才培养。实现了将人才培养的“课堂”从教室进到企业、工厂等生产第一线去。探索出一条具有区域特色的校际联合办学之路，铺设了为企业培养实用人才和学生成才就业的直通车道。构建并实施“1331”工学结合人才培养模式，“1”即搭建一个产学研用一体化平台。第一个“3”是实施“三个对接”，即专业设置与产业发展对接、人才培养方案与岗位要求对接、教学内容更新与企业技术进步对接。第二个“3“体现为推进“三个进入”，即推进教师进入平台，形成教师实践能力提升的长效机制；推进学生进入项目，提升学生实践能力；推进教学进入现场，按照生产、工艺技术和管理规范进行现场教学。最终塑造“1”个办学品牌，培养高端技术技能人才。

五、贴紧地方经济发展需求，提升服务社会能力

（一）以社区教育为增长点，办人民满意教育

巴南分校以建设和谐社会为宗旨，全面推进城乡社区教育。在大力推进社区教育的进程中，摸索并完善了社区教育“三统三自”管理机制，即政府管理统筹、社区文化统领、教育资源统享、社区居民自主、居民参与自发、社区特色自建；充分发挥电大远程教育优势，推进社区教育平台及资源建设，学校先期购买了 900 部社区教育微课作品，丰富了我区的社区教育课程种类和数量，学习网的开通进一步提升我区数字化建设和服务水平；指导镇街开发本土特色课程，其中组织参加各级比赛 7 项，共有 32 人次和 14 个单位获得不同层级的奖项。“木洞山歌”“泉水文化”“界石儿歌”等一大批地方特色课程脱颖而出，木洞镇的《木洞山歌》被评为重庆市社区教育特色课程，丰盛镇的“百姓茶堂”被评为全国终身学习品牌。

（二）以中小学教师教育工作为载体，大力拓展非学历教育培训工作

巴南分校依托教师进修学校教师教育工作，加强继续教育培训基地建设，近年来共完成各类中小学继续教育培训工作 57 项，培训人次

达 17 797 人次，大大提升了区内中小学教师专业素养，为建设“宜学巴南，品质教育”贡献了力量。

建成具有中国特色的开放大学，是实现电大转型升级的必由之路。我们将积极争取政府层面的法规政策支持，做好顶层设计和规划，努力实现与上一级开大的联动，共同推进开放大学建设，实现全市电大系统的华丽转型。

璧山分校：
打造宜生品牌，创意乡村教育，助力田园都市的建设

自《国家中长期教育改革和发展规划纲要（2010—2020年）》提出建设开放大学，加快广播电视大学系统转型升级的要求，璧山分校抓住这一战略机遇，确立了学校转型发展的思路，加快转型发展的步伐，努力提高服务区域经济社会发展，支撑产业升级、技术进步和社会管理创新的能力，走开放教育、社区教育和创意乡村教育融合发展之路。

2018年5月，璧山区社区教育学院依托璧山分校挂牌成立并统筹开展全区社区教育工作。学校依照区委“儒雅璧山，田园都市”建设理念，建设宜生社区教育主题文化，以居民“生存、生长、生活、生产”为核心，以开放型社区教育活动为抓手，以保障和满足社区居民的基本学习权利和终身学习需求为目的，实现社区教育共建、共享、共管，推动全区政治、经济、社会、文化和谐发展，让每个生命潜质得以激发，让“幼有所长，壮有所用，老有所终”的人生梦想不断照进现实。

一、打造宜生品牌 靓彩社区教育

（一）发掘文化内蕴，打造“一镇一韵”“一街一品”文化教育品牌

2019年，学校全面对接镇街经济、文化发展格局，围绕镇街历史沉淀、人文特点和发展思路，明确各镇街社区教育发展重点，牵头组织提炼出了各镇街社区教育活动的载体和传承的特色项目。例如丁家大傩舞“泥巴鬼”再显神奇莫测，来凤串珠手工秀美传神；“三合茶香漫花海、河边书法润家乡、广普童声余音袅绕、大兴糖画喜评非遗、七塘科技惠民助农、八塘笛韵悠悠，福禄镇福满橘香、大路街道幸福康养”等不一而足，呈现出“一镇一韵”“一街一品”富有地域特色的文化品牌，凝聚了社区居民力量，丰富了社区居民文化，促进了社区

居民参与田园都市建设。

（二）抓点带面，以项目驱动社区教育高质量发展

学校全面对接镇街经济、文化发展格局，围绕镇街历史沉淀、人文特点和发展思路，明确各镇街社区教育发展重点，提炼各镇街社区教育经验和特色，打造以“一镇一韵”“一街一品”为内涵的宜生社区教育。学校多方引进社区教育的教学师资，以“现代家庭教育”和“美丽乡约”项目为重点，抓点带面，推进学校课程进社区、地方传统文化进校园，组织了一系列适宜居民“生存、生长、生活、生产”的开放型社区教育培训活动，全力推动社区教育蓬勃开展。

（三）引领学习型城市建设

2019 年，我区社区教育品牌打造演绎“高光”时刻：微刻大师潘启慧获评 2019 年“全国百姓学习之星”，大路片区“雅竹文化驿站”获评全国终身学习活动品牌，璧泉片区道和培训学校张箴斌获评“重庆市百姓学习之星”、璧城片区璧山区诗词学会获评“重庆市学习型团队”、璧城片区“染意人生”获评“重庆市终身学习特色课程”，璧城街道社区教育学校“吕凤子的璧山岁月”获重庆市社区教育微课二等奖、六个微课获重庆市社区教育微课三等奖。上述成绩的取得，与我校营造的“终身学习，时时学习，处处学习”的学习氛围和创造的良好学习环境关系密切，学校在进一步推进学习型社会建设的工作中起到了示范指导作用。

二、创意乡村教育，助推乡村振兴

实施乡村振兴战略是党的十九大作出的重大决策部署，重庆市委市政府迅速贯彻落实，紧紧围绕习近平总书记对重庆提出的“两点”定位、“两地”“两高”目标和“四个扎实”要求，制定了深入实施乡村振兴战略行动计划，对乡村产业振兴、人才振兴、文化振兴、生态振兴、组织振兴作了整体部署，璧山作为主城近郊区，积极行动，热烈响应，璧山分校作为璧山培养实用性人才的主阵地，守使命勇担当，

义不容辞担当起乡村振兴的时代使命。

（一）立足基层需求，致力乡村创意教育

学校在“一体多元三融合”和“互联网+双一流”新型高等学校发展理念指导下，“从问题入手，向课程出发”，在做实开放教育的同时，扎实做好乡村创意教育，将新思维、新观念、新技术、新文化引入乡村建设，以生态、文化、艺术、智慧、金融、产业的形式展开培训活动，实现以幸福为内核的美丽乡村梦想。

2019年学校推出“美丽乡约”项目，该项目在璧山青杠街道、大兴片区、七塘镇开展。在青杠街道，川剧得以传承；在大兴片区，美丽得以拓展；在七塘镇，广泛推广各种农业技术，并开展脱贫宣讲、农业知识进校园、蔬菜种植、血橙种植、竹编等各种培训。农业科技实现了七塘人幸福生活的愿景，美丽七塘“悠悠古道清风爽，青青果蔬遍地香”。

（二）聚力教育联盟，力求开拓创新

2020年，我校计划与八塘镇联合开展竹艺编织培训，充分利用当地丰富的竹类资源，挖掘、拓展和创新当地非遗竹艺，让自然资源的利用和传统手艺的发展相得益彰，实现灵活就业，带动产业发展、增收。

璧山分校正在努力与区委组织部、区人社区局等单位共商共谋，发挥学校教育资源整合优势，依托地方中小学、社区教育学校和各类高品质企业基地，推出更多的乡村创意培训，推进创业教育，为更好搭建终身学习“立交桥”的办学目标不断开拓新局面。

开放教育、社区教育、创意乡村教育融合创新发展之路并非一帆风顺，也不可能一蹴而就。融合需要智慧，创新需要勇气。要实现学校“三‘育’合一”的发展理念，我们必须努力争取上级领导部门的支持，聚力联盟的合作和教育内力的增强。

助力“儒雅璧山，田园都市”，我们在路上！

南川分校：根植地方，多点着力，服务区域发展

重庆电大南川分校是融合学历教育、区域教师培训、成人继续教育于一体的办学机构。学校以“圆大学梦，铺名师路，服务区域发展”为办学宗旨，坚持“内涵发展，注重特色”的办学理念，走出了一条区域人才培养的特色发展之路，为南川区人才培养和学习型社会建设做出了积极贡献。

以人才培养质量为根本，不断提升办学水平。学校围绕服务南川经济社会高质量发展，为南川“工业强区”“旅游名城”“生态花园”建设提供应用型人才支撑的办学目标，秉持“办学对接产业，发展植根地方”的战略思路，构建起面向“乡村振兴”的学历与非学历教育融合办学模式，注重内涵发展，推动了办学水平和质量大幅提升。一是始终把人才培养质量放在重要地位。健全了教育教学管理制度，落实教师职责，强化教学过程监控和教学质量追踪评价机制，教学辅导做到“定期指导、随时服务”，督促学生有效完成学习任务。二是大力实施教师能力提升行动。一方面着力提升教师的专业能力，形成了“自我研修—科室展示—学术大讲堂表演”的教师专业化成长路径，另一方面通过人才引进与校内培养双轨并行的方式，快速提升了师资队伍整体水平。三是注重精品课程的开发建设。学校建立了《精品培训课程管理若干规定》等激励制度，鼓励教师开发建设了现代教育思想、教学设计智慧、农村饮食安全、观评课技能提升、教师心理健康等精品课程近十门，教师课程建设能力得到大幅提升。四是组织开展丰富多彩的学生活动。举办了“党建知识”竞赛、律师实践、学生乒乓球比赛等活动，促进了学生综合素质提升，增强了师生的凝聚力，提高了学生对学校的认同感和归属感。近几年，学校的学历教育社会认可度不断提升，办学质量得到南川区用人单位和广大学员的认可，办学

规模大幅度增长，2016—2018 年，学校每年新招生人数保持 30%至 50%的增长率，目前在校生 2 138 人，保持了稳定的学历教育办学规模。

以“乡村振兴项目”为引领，助力区域人才培养。为深入贯彻南川区委、区政府实施乡村振兴行动计划的战略部署，学校瞄准南川区域战略的工作重心，主动作为，提出了“南川区乡村振兴大学生培养电大学历教育支持项目”，计划用五年的时间为南川区免费培养 1 000 名大学生，为南川区经济社会发展提供坚实的人才支撑。该项目受到南川区委、区政府的高度重视，已纳入全区人才培养工作计划，由南川区委组织部、人社局和学校联合举办，各部门、乡镇协同完成学生推荐，南川分校负责实施，首期 80 名学员全部正式入学。该项目的顺利实施，开启了学校与政府合作的新路，发挥了学校本土人才培养主阵地的作用，不仅增强了学校在南川区域经济社会发展中的地位和影响力，还对全市电大系统助力乡村振兴战略的工作产生了重要示范引领作用。

以借智聚力为抓手，扎实推进非学历培训。把非学历教育作为学校事业的重要组成部分，积极开创非学历教育发展新路。一是充分利用远程教育资源充实培训。利用国开大、市电大的学习资源优势，对接全区教师教育培训，充实培训内容。近年来，在全区新教师培训、德育干部培训、骨干教师培训中，学校小教专业师资充分利用远程教育资源，设计“教师心理健康”“教学设计的理念与实作”“如何做教育科研”等课程在全区教师培训中授课 30 余场，培训教师 5 000 余人次，满足了南川区中小学教师的学习需求。二是借助多方力量提升培训质量。与北京师范大学、西南大学等高校合作，利用其师资优势，通过区域实践研修与高校集中研修相结合的方式，举办了南川区“名师名校长培养对象及骨干高级研修”培训项目。利用全国教师教育研修网的平台资源，与沙坪坝区教师进修学院等培训机构合作开展了中小学教师信息技术能力提升、骨干教师教学能力提升等培训项目，通过共同设计课程、共同管理，提升了培训质量。三是积极与政府、行业合作开展多层次多类别的技能培训。与南川区农委、财政局、旅发委、团委等部门合作，开展了团干部培训、民政干部培训、旅游从业人员培训、创客培训等项目20余期，培训人员6 000余人次，为南川区经济社会发展提供了重要的人力资源支持，受到主管部门的高度评价和认可。

展望未来，学校将继续聚焦区域经济社会发展重点工作，以“提升人才培养质量”为核心，坚持“一体多元三融合”发展理念和“互联网+双一流”发展目标，创新部门联动、多方合作的人才培养模式，强化专业建设，拓展培训项目，开发精品课程，打造名师团队，提高人才培养的针对性和适用性，为区域经济社会发展提供更加有力的人才支撑。

武隆分校：联动两教融合发展 服务武隆全民终身学习

近年来，武隆区人民政府确定了“旅游转型、工业提质、乡村振兴、城市提升”等重点工作和坚持生态优先、绿色发展，创造高品质生活，全面建成小康社会的战略发展目标。区域经济社会的快速发展，对电大教育在人才培养、提升从业人员职业技能、服务学习型社会发展等方面提出了新的要求。武隆电大分校必须根植地方，通过转型发展“开疆拓土”，大力提升学校服务区域经济社会发展的能力，推进学历教育与社区教育两教联动融合，努力培育学校办学特色，不断适应区域发展的需要。

武隆电大分校面向新时代，立足服务区域经济社会转型升级的时代要求，秉持“以学习者为中心，办百姓身边的大学”的办学理念，坚持“电大学历教育和社区教育并重，建设一所具有现代远程开放教育特色，服务全民终身学习的新型开放大学”的办学定位，着力培育“一体多元”融合办学特色，大力开展形式多样的成人继续教育和社区教育活动，打造全区全民终身学习的支持服务中心。

自武隆电大分校与武隆区教师进修校、武隆区教育科学研究所合并以来，学校深刻地认识到电大的办学要得到政府的重视，就不能关门办学，不能只拘泥于学历教育，更要主动出击，积极作为，以社区教育为切入“开疆拓土”，推进电大教育转型发展。从 2016 年以来，学校在转型中着力探索学历教育与社区教育两教联动融合的办学新路，大力推进“两教”在理念、情感、资源、行动等方面的融合创新。

一、构建两教联动融合发展新机制

（一）推进学历教育与社区教育的联动融合

通过探索与实践，初步形成了学历教育与社区教育联动融合发展的办学新格局。一是依托远程开放教育资源开展社区教育，通过社区教育发展又推动学历教育发展。学校构建了学历教育“一个核心、两个坚持、三个结合、四项服务”的运行机制。“一个核心”即以提升学员及社区居民综合素养为核心；“两个坚持”即坚持在学历教育中开设社区教育选修课程，坚持选用电大教师和学员开展社区教育活动；“三个结合”即坚持开放教育与社区教育相结合，专业知识培训和社会服务能力培养相结合，学历教育与非学历教育相结合；“四项服务”即发挥远程开放教育优势为社区教育提供师资服务、教材服务、设施服务和信息服务。为此，学校加强了优质教育资源的整合力度，大力推进合作办学，拓展电大学历教育向乡镇和社区延伸的路径，举办职业资格证书、职业技能培训等非学历培训，增强学校服务社会的能力，适应了地方经济社会发展的需要。二是培育电大教育与社区教育“两意识、五到位”联动融合的保障能力。“两意识”：一是树立服务意识；二是树立质量意识，即建立健全支持服务体系，坚持服务第一的理念。“五到位”：一是队伍管理与培训到位，二是制度制定与执行到位，三是设备完善与使用到位，四是资源建设与使用到位，五是质量监控与质量保障到位。

（二）发挥电大学员作用，深化两教联动融合实践

在推动两教联动融合中，学校充分考虑地方特色和实际需要，探索实践“菜单式”和“订单式”的职业培训模式，目前“电大学员开展社区教育知识讲座”和“电大学员服务社区教育开展专题培训”的活动已形成常态。通过电大学员参加社区教育实践促进了社区教育的发展，社区教育的发展又为电大的办学“开疆拓土”，扩大了电大的社会影响力和知名度，为电大的办学和转型发展提供了生源与基地支撑。

（三）拓展电大办学领域提升社会影响力

从 2016 年以来，学校积极探索“1+X”办学模式，即一个学历证书+若干个职业资格证书的办学模式，主要是在电大开放教育学生中开展普通话培训，目前已有电大学员 500 余人参训，157 人获得了等级证书；开展建筑行业培训和从业资格证书考试，电大学员现已有 71 人次

获得从业资格证书。

二、培育两教融合办学特色，形成互为支撑的办学新格局

通过三年的探索与实践，学校两教融合特色初步彰显。2018 年 4 月，我校以学历教育与社区教育有效融合为主题的案例，在重庆全市电大系统的转型发展案例评选中荣获优秀案例奖，在 2014—2018 年，学校连续 5 年被评为全市电大系统的先进集体。

（一）区域内三级社区教育运行网络已建成

经过几年来的努力，武隆区已形成“社区教育学院—社区教育学校—村（社）社区教育学习中心”的三级社区教育网络，打造了 15 分钟学习圈；全区成立了 1 个社区教育学院，26 个社区教育学校，87 个社区教育学习中心，为构建电大学历教育与社区教育两教联动融合办学新格局打下了坚实的组织基础。

（二）在电大学员中营造了学历教育与社区教育融合发展的氛围，提高了学生对学历教育的认可度和社区教育的知晓度

一是为电大学生专门订制了有电大和社区教育共同的宣传标语标志的书袋、鼠标垫、扇子等；二是在电大学生中开展社区教育宣传活动，如送春联活动等；三是组织与指导基层社区学校开展社区教育需求调查，组织电大学生积极参与，形成了社区教育需求调查报告 246 份。

（三）建设实训基地促进两教联动融合

学校打造了一支高素质的社区教育讲师团队，建成了 1 个功能齐备，适合学历教育+社区教育实训的教学实践基地。目前，学校已开发出“蜡染”等市级社区教育特色课程，与浩口社区学校签订了研学基地协议，已组织部分开放教育学生到这里实习观摩、操作实践。

（四）制订社区教育管理制度汇编

组建了有电大学生、课程辅导老师参与的社区教育管理者、讲师、志愿者三支队伍。

（五）探索整合两教课程内容的设置

一是在开放教育专科行政管理专业毕业生中，开展了“武隆区城市外来务工青年学习需求的调查”、在会计专业学生中开展“武隆区居民消费情况的调查”、在法学专业学生中开展“武隆区居民法律意识的调查”，共形成调查报告 478 份。二是在法学、行政管理两个专科专业中开设《社区治理》等社区教育选修课程，学生已形成社区治理论文 68 篇。

（六）制定学电大员社区教育学习资源“菜单”与“订单”

学校在每个学期就针对新生开展“电大学员社区教育知识讲座”、“电大学员服务社区教育专题培训”，让社区教育知识培训活动在电大学员中常态化，让社区教育知识深入电大学员的心中。社区教育反哺学历教育效果明显，近三年来，学校开放教育招收新生连续稳定在 600 人左右，社区教育的发展功不可没。2016 年，学校被评为重庆广播电视大学招生工作先进集体；2017 年、2018 年连续两年荣获重庆广播电视大学招生持续稳定奖。

（七）以非学历教育与社区教育项目培训带动专业发展

学校邀请市内外的专家、行业精英参与旅游专业建设，紧扣农旅融合、文旅融合、康旅融合的产业需求，以社区教育讲堂为课堂、学员工作场所为实践基地，打造农家乐经营与管理、乡村旅游礼仪、乡村旅游规范用语、非遗文化传承等旅游培训精品课程，让学员参加精品课程培训传播专业课程知识，促进专业发展。

三、办学特色初步彰显，学校的影响力不断提升

（一）武隆分校的转型发展得到了社会各界的认可与支持

一是政府重视。区政府副区长黄昕、教育主管部门主要领导多次深入学校调研办学情况，充分肯定了学校的办学成果。二是上级电大认可。2017 年 4 月，国家开放大学党委书记李凌莅临我校调研办学成果。2014—2018 年，学校连续 5 年获重庆广播电视大学先进集体称号。

三是毕业生和用人单位满意。每学期组织开展毕业生和用人单位问卷调查，皆对学校办学效果反映良好。满意度的提升带来了良好的办学效果，近几年学校招生规模稳中有升，新开设的旅游管理专业也启动了招生工作，这也是社会满意度提升的真实反映。

社会媒体广泛宣传学校的办学成果。近几年来，社会媒体广泛报道学校办学取得的成效，学校在仙女山镇、后坪乡等地开展乡村旅游培训的新闻，被武隆电视台、武隆政府网和搜狐网、重庆电大校园网等新闻媒体采编报道。三年来武隆政府公众网、重庆广播电视大学校园网、人民网、搜狐网、《重庆日报》等媒体，对学校办学成果的宣传报道达 16 次之多。优秀毕业生陈明亿回到家乡，在当地党委、政府的支持下，选择了水稻和泥鳅混生态立体养殖项目，成立了专业合作社，采取“示范基地+专业合作社+家庭农场”的生产模式，当年试种 80 余亩获得成功，产品试销深受消费者青睐。随后他在京东商城打造了“凤来谷”官方旗舰店，培育农场直供家庭会员超过 3 000 个，实现农场直供，确保了食品安全。陈明亿的先进事迹从另一个侧面彰显了学校办学的成效，人民网对其进行了专访和宣传报道。

（二）形成了转型发展的理论成果

（1）打造了一批教育精品课程。如“蜡染”“木叶吹笛”“唢呐”“根雕”“家庭心理健康”等，形成了“芙蓉江大讲堂”“道德讲堂”等全民终身学习品牌项目。其中江口镇、鸭江镇被评为全国示范性社区教育街镇，江口社区学校的“芙蓉江大讲堂”被评为全国终身学习品牌，“蜡染”“木叶吹笛”“棕编”被评为重庆市社区教育特色课程。

（2）形成了一批转型发展学术论文。学校副校长胡天胜撰写的学术论文《学习型社会建设背景下社区教育有效实施的路径探索》于 2018 年 9 月 17 日在《科学咨询》杂志第 38 期上发表，《基层电大与社区教育融合发展的实践探索——以重庆广播电视大学武隆分校为例》在《读天下》杂志 2019 年第 10 期上发表。李德学老师撰写的学术论文《参与社区教育是电大发展的重要走向》发表于《课程教育研究》杂志 2019 年第 16 期。

（3）建成了一批职业培训课程。学校邀湖北乡聚旅游发展有限公司、湖北省长江职业技术学院、武隆区职业教育中心、市场监管局等行业部门和高校的专家，校企、校行、校校合作开展建设了“休闲农业经营及品牌运营”“乡村旅游接待礼仪”“景区农家乐餐饮食品安全”等专培训课程。打造了“农家乐经营与管理”“乡村旅游服务礼仪”“景区农家乐餐饮食品安全”“普通话专项培训”等培训课程。

武隆分校通过学历教育与社区教育的联动与融合发展，清晰了学校转型发展思路，推动了学校办学特色的培育，学校队伍建设、课程开发、项目开发、科研教改、社会服务等方面的办学基础能力有了新的提升，为创建重庆广播电视大学旅游特色学院夯实了基础。密切了电大的办学与武隆经济社会发展的联系，学校主动推进专业对接产业，挖掘社区教育与学历教育的契合点，精心打造办学特色，也为学校创建旅游特色学院找准了落脚点和切入点，提供了实践的路径与方法。2019年，重庆广播电视大学旅游学院被批准在我校立项建设。

奉节分校：以社区教育和技能培训为抓手 拓展电大办学空间 增强社会服务功能

一、实施背景

县域经济社会环境下的基层电大，学历补偿教育日渐紧缩，走一条学历继续教育与非学历教育并举发展的路子，满足广大学习者不同层次不同类别的学习需求，这是电大转型发展必然趋势。在由曾经的单一学历补偿教育向学历、非学历教育并举融合转型发展的道路上，奉节电大进行了艰辛地实践与探索。

奉节位于长江三峡库区的腹心之地，是重庆市的东大门。县域经济以种植业、养殖业和旅游文化产业为主，社会经济形态与中心城市有较大区别。人口 107 万，其中农村有 80 余万。

二、主要目标

奉节分校提出以社区教育和技能培训为抓手，努力拓展社会服务的范围和内容，努力拓展办学空间和社会服务空间。以社区教育和技能培训等非学历继续教育为切入点，开展职业资格证书、职业技能培训项目，促进非学历、学历继续教育的沟通衔接，为学历教育提供增值服务，实现学历教育与非学历教育相互支撑发展。在县委县政府的领导下，在市电大和县委组织部的具体指导下，积极拓展电大学历教育向基层特别是乡镇和村社区延伸的路径。通过争取政府对社区内各类教育资源的有效整合，县以电大为依托成立县社区教育学院，各乡镇（街道）依托所在地中心小学成立社区教育学校，各村（社区）依托居委会成立社区教育学习中心，将政府的社区教育工作通过电大落实到基层。三级社区教育网络主动开展以技术服务、对口支援和社会培训为主要类型的技能培训服务，实现教育功能的多位拓展和向社会延伸，为全体社会成员提供方便快捷、个性化、多样化的学习支持服务，把优质教育资源送进社区、送到农村、送到百姓身边，成为奉节地方终身教育体系构建的重要支撑和学习型社会的有力推动者。

三、实施过程

（一）具体思路与愿景

依靠党委政府、依靠教育主管部门、依靠市电大，立足独立自主和自力更生，创新办学机制和模式，寻求开放合作与共赢，实现学历继续教育与非学历继续教育融合并举，办学实体更坚实，电大形象更光辉。

（二）具体措施与办法

1. 吃透国家战略精神，摸准地方学历继续教育与非学历教育需求

深入学习贯彻党的十八大、十九大精神，以习近平新时代中国特色社会主义思想为指导，办好继续教育，加快建设学习型社会，为民族兴盛、国家富强，提供助力；紧扣奉节县地方产业（能源、旅游、商贸、特色效益农业）需求，努力拓展学校社会服务的范围和内容，努力扩大办学空间和社会服务空间。推进学历继续教育与非学历教育融合、远程教育与创业创新教育互通，着力加强实体化、现代化建设，创新办学模式，推动现代信息技术与教育教学深度融合，促使学校办学能力渐进增强。

2. 争取党委政府和市电大的支持，保障办学场地和办学师资队伍需要

在党委政府的领导下，在市电大的指导帮助下，启动奉节开放大学建设，解决办学场地需要。在教委的领导下，争取编办、部门、企业、中小学校、合作高校的支持，创新机制和模式，2017 年，专职从事电大教育的师资达到 16 人以上，兼职从事电大教育的师资达到 19 人以上，解决学历教育与非学历教育办学队伍问题。

3. 协调推进学历继续教育与非学历教育并举发展

具体讲就是：双历并举、一体三翼、一主多元、协调发展。在办学定位上，必须确立学历继续教育与非学历教育双历并举并重定位，不得轻视学历教育也不得轻视非学历教育，努力推进，从并举到并重；在办学机制上，强健一体三翼；在办学元素上，优化一主多元，这一主，就是电大（开大）主体主业，无论是学历继续教育还是非学历教育，电大（开大）的主体主业不能缺失，必须得以巩固和强化。在稳步抓好学历继续教育的同时，大力发展非学历教育。“三翼”即电大开放教育，奥鹏教育，网络教育；“多元”即学历继续教育，社区教育，技能培训等终身学习的多元载体；一句话，学历继续教育与非学历教育并举并重协调发展。

4. 创新提升内涵

重点从人才培养模式、现代教育技术与电大教育教学深度融合上，加强内涵建设，推进机制、体制的创新，把服务做得更实更优，不断提升教学质量，办百姓身边满意度高的开放大学。

5. 开放合作，互助前行

着力对外合作，加强师资队伍建设，加强专业建设，与高校合作、与企业合作、与中职校合作，实施地方产业发展电大助力计划项目工程。以国家开放大学“新型产业从业人员职业发展助力计划项目”为支撑，借助合作高校技术实力，切实开展技术技能培训，建立电大服务我县特色效益农业、物流商贸业、旅游产业和生态能源工业发展人才培养的助力机制。

6. 与时俱进，共享共赢

办好网络教育，重点是加强信息化建设，整合优质教育资源，建好“奉节终身学习网”“奉节电大分校网”。实施社区教育推进计划项目工程，更新推进教育部“一村一名大学生计划”计划培养工程，实施乡村学历继续教育与非学历教育振兴计划，对接国家长江经济带建设要求和重庆市关于生态涵养区定位建设的发展精神，努力拓展办学空间和社会服务空间，让更多的人共享优质学习资源。

四、条件保障

（一）组织领导

积极争取县委、县政府和县教委的关心和支持，将电大转型发展纳入地方政府的教育事业发展规划中，加强对电大转型发展工作的领导，成立转型发展工作领导小组，具体负责电大规划的实施、检查和评价，确保规划的落实和执行。

（二）经费投入

积极主动向上级及其相关部门汇报电大发展的现状与未来发展的前景与规划，使各级领导了解电大在构建全民学习、终身学习的学习型社会中的重要作用，增加财政对电大学历继续教育与非学历教育的基本建设、教育教学设施以及图书资料等方面的投入。充分利用系统办学的优势，积极争取市电大的扶持与支持。奉节电大要进一步加强财务管理，树立成本意识、艰苦创业和勤俭意识，要按照建设节约型社会的要求，节约各项开支，实现资金效益最大化。

（三）体制机制

结合电大分校的特点和实际，理顺职能分工，明确岗位职责，建立功能明晰、职责明确、相互衔接、运转顺畅、灵活高效的运行机制。修订完善各项规章制度，进一步规范电大分校学历教育与非学历教育的办学行为。

（四）营造氛围

请专家学者和合作办学单位参与政策研究、工作方案设计及发展规划制定，加强政策宣传，充分认识学历教育与非学历教育的重要意义，坚定转型发展的信心，利用新闻媒体及时报道电大学历教育与非学历教育发展的成绩，树立电大良好的社会形象，为电大学历教育与非学历教育营造良好的舆论氛围。

五、实际成果、成效及推广情况

（一）领导重视程度提升，学历教育与非学历教育并重发展定位明确

2014 年 10 月 28 日，奉节县教育委员会印发《重庆广播电视大学奉节分校转型发展三年规划（2015—2017 年）》（奉节教发〔2014〕42 号）；2016 年 4 月，将奉节电大转型发展写入《奉节县国民经济和社会发展第十三个五年规划纲要》（奉节府发〔2016〕21 号）；2016 年 10 月 13 日“将重庆电大奉节分校创建为重庆开放大学奉节学院”写入《中共奉节县委奉节县人民政府关于加大教育改革力度全面提升教育质量的意见》（奉节委发〔2016〕22 号），2017 年 1 月写入县政府工作报告。学历与非学历教育并重融合在地方领导脑中留下印记、在地方“十三五”规划中得以明确体现。

（二）学校干群聚力推进，成效明显

2015—2017 年，每年年初召开学历与非学历教育并重融合推进会，年中召开学历与非学历教育并举融合专题会，积极推动和促进奉节电大教育办学的转型发展。其效果体现在：

1. 办学规模稳中奋进

初步见到了学历继续教育与非学历教育相互支撑发展的成效。职教衔接（职教中心旅游班）、一村一名（县委组织部重视推进）、助力企业（与奉节亚东汽贸有限公司合作）成长，各种技能培训开展，学历教育规模稳中有突破，非学历教育规模渐进增长。

2. 规范服务升级

（1）学历教育与非学历教育学习支持服务升级。服务至上理念成功运用。”1388”教学支持服务模式更新升级为”3368”教学支持服务模式，服务至真从美。

（2）财务管理、收费行为进一步规范。

（3）培训与考试规范升级。试点扩大，学生学习考试更灵活便捷，场地规范升级，有了一块自己的阵地，自 2015 年 1 月开始，结束了考场欠规范的历史。2015 年 11 月，学校在全市电大“校领导说教学管理”

活动中，荣获三等奖。

3. 设施设备更新

学历教育与非学历教育信息化、实体化更新推进：2013—2014 年按教育部网络办要求，更新装备了网考教室（2015 年 4 月开始启用，效果很好）；2015 年 3 月，奉节终身学习网顺利通过市教委专家组验收，现运行良好；2016 年还更新装备了试点课程部分考试计算机 68 台。学校开始向“新于电大”转型。

4. 服务领域拓展

技能培训进基层，校园教育向社会延伸。2014—2017 年，长凼技能培训、明月社区服务，中考、高中会考阅卷服务，小教技术培训，基础教育才艺大赛服务，组织部处级干部任职考试服务，扶贫办培训，计生委培训，税务培训，2015 年又增加农委业务培训。2014 年 8·31 抗洪救灾，2015 年安坪避险搬迁协助。2016 年进村扶贫开智献计，全民终身学习活动周成功组织，5 000 余人参加活动。2017 年，九岭村政策宣讲，步与社区培训，兴隆社区文艺成果展示，电大教师进社区“双百行动”。学校办学渐进融入“学历继续教育与非学历教育并重”发展轨道。

5. 改革切实发力

试点、改革课程巩固扩大，成效显著；国开大新学习网试点顺利跟进等；奉节分校转型发展课题研究于 2016 年 7 月，经市电大专家评估验收圆满结题；“高等学历教育+创业创新培训+终身学习服务”项目 2017 年 1 月立项，2019 年 12 月结项验收获良好。

六、体会与思考

在实际实施当中，非学历教育的开展仍然挑战重重。具体而言，一是市场领域开拓不易，二是成本分担模式未明。

从国家的层面，讲究立足国情；对于基层电大分校来说，则是立足县情。从本县实际出发，面向本县学习者的需求，则是开展各种学

历继续　教育与非学历教育，为构建服务全民终身学习的教育体系提供支撑与助力。

由于奉节县以农村人口居多，奉节电大能够直接抓住的非学历教育需求，还是以农业生产相关的技术技能需求居多。

例如，奉节县永乐镇长凼村，需要蔬菜种植以及梨树病虫害防治的技能培训，他们得知我们在开展非学历培训，主动跟学校联系，学校就组织老师前往，为该村居民上课，并现场手把手教他们操作。

当然，来自城区的非学历培训需求偶尔也有，其中也不乏主动找上门来的。奉节县城永安街道明月社区主动找到学校，来了解教育方面有什么惠民政策，因为他们社区有很多孩子要上学，社区里有的是小夫妻自己带孩子，有的是老两口带孙子，对这些不太了解，故而来找电大咨询。同时，这个社区还找电大了解，学校有什么提升居民文化素质、文化修养的教育活动项目——这个需求主要是因为明月社区正在创建文明卫生社区，而提升居民的文化素质是创建当中的重要一条。针对于此，我们也就为他们组织相关培训。

这般主动找上门来的非学历学习需求只是少数，对于奉节电大来说，这类需求主要还是得自己去宣传、去发现、去说服。

拓展办学空间，增强服务功能，推进学历继续教育与非学历教育并举融合，任务仍然十分艰巨。但只要我们上上下下齐心协力，坚持以习近平新时代中国特色社会主义思想为指导，牢记服务宗旨，服务国家发展战略、服务地方社会经济，学历继续教育与非学历教育并举融合的美好愿景是一定能够实现的。

合作办学篇

- 涪陵电大：实施“二推四进”大战略，开放合作探索发展新模式
- 南川分校：校地合作，培养乡村振兴人才
- 建工学院：推进产教融合互动，打造建筑行业人才培养高地
- 企业管理学院：精准对接企业需求，助力中小企业创新发展

涪陵电大：
实施“二推四进”大战略，开放合作探索发展新模式

涪陵电大是由涪陵区人民政府举办、独立建制的涪陵区三所高校之一。从 2013 年投身转型发展工作以来，学校紧紧围绕地方党委、政府提出的“建设美丽幸福涪陵”的奋斗目标，秉持“开放、责任、质量、全纳”的终身教育理念，以“互联网+远程教育”为特色，按照“一体多元”的办学指导思想，坚持学历教育与非学历教育并重，大力实施“二推四进”发展战略，将学校建设由校内向校外推进，将办学空间由城市向农村推进，进工业园区、进行业部门、进乡镇社区、进职教校园，服务地方产业发展战略、乡村振兴战略、扶贫攻坚战略，积极探索多元合作的办学新途径，把教育送到田间地头、工厂车间、社区校园，切实做到按需施教，人才培养质量稳步提升，为涪陵经济社会发展培养了一批实用性技术人才。

进行业部门与机构合作办学。在学历教育方面，学校分别与教育系统、电力系统合作举办中小学、幼儿园教师学历教育提升班和电力工人学历教育提升班，招收学员 1 500 余人。与涪陵监狱合作建立了全国首家监狱学习中心——涪陵电大监狱学习中心，通过“双方共管，无缝对接”的管理模式、“多方宣传，共同招生”的招生模式、“电大主导，监狱实施”的教学模式、“校点联动，共同服务”的服务模式、“监狱考试，纸考代网考”的考试模式，构建了长效办学机制，“监狱变学校，刑期变学期”，帮助 760 名服刑人员提升了学历层次和职业技能。在非学历培训方面，学校积极与组织部、农委、档案、财政、政法、房管、民政等部门合作办学，承接面向全区各系统内专业技术人员和管理人员的非学历培训工作，培训学员万余人次。为提升培训质量，学校对培训项目进行统筹规划与顶层设计，坚持“内培外引”提升师资和培训管理水平，做到训前、训中、训后全程跟踪服务；坚持

创新培训形式，从以往单纯的集中面授拓展为集中面授、远程教学、实地参观、拓展训练、论坛交流、小组研讨相结合的多元培训形式，做到了理论性与实践性相结合、科学性和趣味性相结合、针对性和拓展性相结合。培训的品牌效应逐渐凸显，“世界银行贷款可持续发展农业项目培训”“雨露计划”“党员示范培训”等培训项目已变为常规培训项目，“非公党组织书记专题培训”“村（社区）党组织书记培训”已成为干部培训的品牌项目。

进工业园区与企业合作办学。学校主动对接产业发展需求，深入涪陵新区工业园区、白涛工业园区及重庆两江新区曙光工业园区开展“电大服务进园区”活动，在重庆美心集团涪陵公司、重庆三爱海陵集团公司等建立了学习中心，开展开放教育本专科教育、远程中职教育、职业技能培训，学历教育规模 300 余人，非学历教育年培训 500 余人次。学校还与仓兴达科技公司合作打造“转型实验班”，在市电大的支持下，根据企业和学员需求改革教学管理模式、调整教学计划、优化教学内容、强化线上远程互动与线下面授辅导两线融合的教学方式，注重理实结合，确保了教学的针对性和实用性。引进了市电大汽车学院、长江师范学院、重庆工贸学院的专业师资，采用校企共同管理、共建师资、共同考核的方式，形成了“以育人为本，双赢为基础”的办学机制。

进乡村（社区）与乡镇（街道）合作办学。学校深入乡村（社区），协同重庆从古到今农业发展公司，在马武镇开展合作办学，先后投入近 1 亿元人民币，建成占地 1 000 余亩，集学历教育、短期培训、科学研究、拓展训练、观光旅游、休闲度假等功能为一体的全国首家新农村学院——涪陵电大马武新农村学院，实施面向全区的骨干农民、乡村（社区）基层干部、农民工职业技能、劳动力转移、农村致富带头人等培养计划。为将电大教育进一步延伸到基层农村，学校在推进马武新农村学院建设和发展的基础上，通过合作办学，在革命老区大顺乡建立了大顺乡学习中心、乡村振兴讲习所；在南沱镇睦和村建立了学习中心，并以此为依托向全区 25 个乡镇辐射。学校还通过建立学费减免及培训奖励机制，实施“一村一名大学生”培养计划，招收农村行政管理大专班及远程中职教学班学生 1 000 人。开展了武陵山旅游区旅游标准化培训、乡镇干部档案培训、全区村（居）主任培训、农村基层干部培训等项目，培训学员 9 000 余人。学校量身定制教育培训，助力精准扶贫，服务乡村振兴，得到了市电大、国家开放大学、主管部门的认可。

进职教校园与职校融合办学。学校积极探索中高衔接的教育培训模式，先后与涪陵职教中心、涪陵一职中、重庆第二交通技校、涪陵创新计算机学校、涪陵信息职业学校、涪陵新华职校开展联合办学，通过“电大教育进校园”活动，利用电大远程教育和平台资源的优势，面向中职学生开展文明礼仪、法制教育、心理健康、实用技能培训班 21 期，培训学员 5 000 余次。举办学前教育、机械制造、汽车维修、房地产经营管理等成人专科学历教育班，招收学员 1 000 余人。与重庆第二交通技校达成举办“转型实验班”合作协议，采用双向管理、送教上门的方式，开展职业教育与远程教育融合的实践探索，将教育送进校园，让学生享受到了便捷的教学支持服务和优质的教育资源。

“二推四进”战略实施以来，学校办学规模稳步发展，学历与非学历相互支撑、良性互动。学历教育在校生规模保持在 8 000 ~ 10 000 人，保持全市电大系统第一。近 5 年来，非学历教育为三大园区、40 余个行业部门、30 余个乡镇村社、7 所职校培养人才约 25 000 人。办学效果得到当地政府、合作单位和社会各界的充分肯定，重庆日报、华龙网、乡村网、凤凰网、网易新闻等多家媒体对学校办学情况进行了报道。

展望未来，学校将围绕校党委提出的“求真务实，以新的发展理念引领学校转型发展”这一要求，推动改革创新，着力破解发展的瓶颈问题和不合理束缚，打破传统“路径依赖”和“组织惯性”，激发内生动力，持续提升实力和影响力，为涪陵区经济社会发展源源不断地输送人力资源。

南川分校：校地合作，培养乡村振兴人才

为全面贯彻落实党的十九大精神，深入实施乡村振兴战略行动计划，重庆市委实施乡村振兴战略工作领导小组以习近平新时代中国特色社会主义思想为指引，按照整体推进、重点突破、试验探路的思路，在全市各地全面行动、全面推进基础上，拟定《全市分层分类开展乡村振兴试验示范实施方案》，选择了南川区在内6个代表性强、综合实力较强、现实基础较好、工作保障有力的区县开展综合试验示范，要求各区在实施乡村振兴战略行动计划中走在全市前列。南川区被确定为全市乡村振兴“综合试验示范区县”，被赋予“探索经验，发挥示范引领和带动作用，推动全市乡村振兴”的使命，责任重大，任务艰巨，但我们也应当迎难而上。

作为立足地方服务地方的基层电大，理应服务国家乡村振兴战略，在乡村振兴人才培养方面展现自己的责任当担与教育情怀。

当前学校办学以学历教育为主，形式单一，服务社会的空间狭小。如何发挥电大优势，根据电大学历教育办学特点实施专业对接产业，举办服务乡村振兴人才培养的特色教育，在扩大办学开放和提升办学能力中促进自身逐步从学历教育向非学历教育转型发展，是南川分校需要解决的重大问题。南川分校借乡村振兴之机，实施“乡村振兴大学生培养”电大学历教育支持项目，不断加强与区域相关部门、各乡镇的合作，培养一批乡村留得住、用得上的急需人才，从而拓展电大办学空间，变革发展模式，实现学校转型发展。

一、实施“乡村振兴大学生培养”学历教育支持项目

2018年4月，在学校如何立足服务区域发展，推动学校转型升级的研讨会上，学校领导针对我区乡村振兴战略实施的重点工作，提出

了“借助电大学习资源优势，为乡村振兴培养人才”的工作思路。

2018 年 5 月，在区委常委、组织部部长余立祥同志的高度重视下，召开了区人社局、区教委、区农委、区旅发委、区财政局、重庆电大南川分校主要负责人以及部分乡镇一把手参加的座谈会，重点讨论我校提出的《南川区乡村振兴大学生培养支持项目》草案。

2018 年 7 月 3 日，市电大李国校长、胡继明副校长等一行 8 人调研我校“乡村振兴人才培养工作情况”，区委组织部及区人社局、财政局、教委、旅发委等负责人对接了调研工作。市电大专家团队肯定了我区《乡村振兴大学生培养电大学历教育支持》项目，并就具体实施提出了指导意见。

2018 年 7 月 20 日，南川区委组织部、南川区人社局、重庆电大南川分校联合发文《关于开展“乡村振兴大学生培养” 电大学历教育有关事宜的通知》（南委组发〔2018〕79 号），标志着乡村振兴大学生培养项目工作正式推开，该文件对专业、学制和办班形式提出了明确要求，规定了培养对象和条件，明确了各单位部门的职责。

2018 年 9 月，南川区乡村振兴大学生培养电大学历教育支持项目首期农村行政管理、旅游管理、学前教育管理三个班顺利开班，共计学生 90 人（农村行政管理专业 30 人，旅游专业 24 人，学前教育专业 26 人）。为提高乡村振兴人才培养质量，探索乡村振兴人才培养新模式，学校 3 位校领导校长亲自出马担任班主任，组织策划开展学习活动。

二、“乡村振兴大学生培养”学历教育支持项目主要特点

（一）人才培养对接政府工作重点

为实施国家乡村振兴战略，重庆市相继出台了《重庆市实施乡村振兴战略行动计划》《重庆市实施乡村振兴战略规划（2018—2022年）》，南川区作为全市六个乡村振兴综合实验示范区县之一，围绕“产业兴旺、生态宜居、乡风文明、治理有效、生活富裕”的目标，提出了做好“产业发展、基础设施、环境整治、公共服务、‘三变’改革、社会治理、基层组织建设”七件事。南川分校抓住乡村振兴基层组织

建设与人才培养这一重点，计划在 2018 年至 2023 年的五年间，学校将按预定计划培养 1 000 名农村大学生，为南川乡村振兴培养一批留得住、用得着的实用型人才。学校将持续推进与相关部门的合作，充分整合国开大课程学习资源、地方实用型人才资源、本土专家、实践基地等教学资源，注重人才核心素养的培养和专业能力的打造，注重理论学习与实践的融合。学校主动作为，对接政府实施乡村振兴战略工作重点，为地方乡村振兴战略实施提供人才支撑和智力保障，得到了区委区政府的高度重视和全力支持。

（二）需求导向校地合作培养人才

为了实施好这一项目，学校特别重视和地方各部门的合作。紧扣区域产业发展对人才的需求开设专业，专业的选择既源于服务区域乡村振兴大战略，着力解决“五个振兴”中区域人才存在的问题和短板，又来源于学校及各乡镇、相关部门深入基层调研的结果。

“产业振兴、人才振兴、生态振兴、文化振兴、组织振兴” 是总书记对实施乡村振兴战略目标和路径的明确指示。从南川区现状来看，乡村人才凋零，乡村组织建设急需人才，相关工作亟待改进，为此，学校将农村行政管理专业作为本次项目的首选，希望通过学历教育，培养出一批扎根乡村、建设乡村的农村管理人才和优秀骨干人才。

南川拥有得天独厚的旅游资源，既有世界自然遗产金佛山，又有山王坪、神龙峡、大观园等景致优美、精彩纷呈的乡村旅游资源。推进乡村旅游、全域旅游是区委区政府的工作重点之一。然而我区专业旅游人才严重不足，尤其是乡村旅游人才资源极度匮乏。开设“旅游专业”，培养旅游人才，将在一定程度上缓解这个问题。

区教委对基层学前教育现状调研后发现：当前南川区学前教育现状不容乐观，农村无一所独立建制的公办幼儿园，农村学前教育因为缺乏有执业资格的教师，质量得不到保障，培养一批立志从事乡村学前教育的人才，也是学校转型升级，服务区域社会发展需要着力解决的问题。

（三）变革人才培养模式保障质量

切实转变人才培养模式，不仅仅是简单运用国家开放大学平台资源，完成基本学习任务即可，学校根据乡村振兴人才的实际需求，增加了旨在提升其核心素养和专业能力的实践活动和专题讲座，特别是安排了“习近平新时代中国特色社会主义思想”的专题学习，以及本土专家结合本地实践经验接地气的讲座、实践基地优秀农村青年的现身说法、引领示范等一系列学习实践活动，进一步提升人才培养的质量，增强人才培养的针对性，服务区域乡村振兴战略的实施。

三、项目主要成效

（一）彰显了电大教育的责任担当

一直以来，我校电大教育均是单纯地从事学历补偿教育，对接社会人员对学历提升的需求。通过本案例立足乡村振兴人才的培养，发挥了电大教育在服务国家战略，支持地方社会经济发展的作用。本案例告诉我们，电大不应只是关上门举办学历教育，而更应该主动对接国家大政方针，立足地方政府重点工作，考察社会发展带来的人才需求变革，因地制宜，调整办学模式，开展教育支持服务，在社会经济发展中发挥重要作用。

（二）增强了基层电大的办学活力

随着高等教育的大众化与普及化，成人学历教育市场竞争越来越激励，基层电大办学逐步进入困境。本案例以“乡村振兴”人才培养为突破口，改革人才培养模式，立足当前社会经济发展需要，改革人才培养模式，注重线上学习和线下专题培训相结合，理论与实践相结合，更加适合广大农村优秀青年的学习需求，调动了他们参加继续教育的积极性，增强了学校办学的影响力。

（三）促进了南川电大的转型发展

我校现处于电大转型发展期，正积极参与重庆开放大学基层单位试点工作。本案例也是我校推进基层单位试点工作的一个创新性尝试。通过案例实践，进一步落实了“专业对接产业，发展植根地方”的转型发展思路。由于本项目得到区委区政府的高度重视，各部门、乡镇街道广泛地参与，大大增强了南川分校的办学影响力，学校招生规模同期比达到历史新高，增幅达 80%。通过本项目的实施，对学校办学模式、学非融合发展等带来系列的变革与思考，也将为学校申请创建“乡村振兴特色学院”积累办学经验，从而纵深推进学校转型发展。

南川分校在转型发展中主动作为，围绕乡村振兴国家战略，联系地方，争取项目，抓住学校转型发展机遇。成功启动“乡村振兴大学生培养”电大学历教育支持项目，勇于接受学校发展面临的挑战，开阔了办学的视野，实现了办学理念、办学能力、办学空间的转化、提升与拓展，积累了服务区域终身学习的经验。但我们也认识到，基层电大转型发展，建设新的区域性开放大学的任务还十分艰巨，需要花更大的力气，采取更加有力的措施，加快步伐锲而不舍地推进。

建工学院：
推进产教融合互动，打造建筑行业人才培养高地

重庆电大建筑工程学院是一所专注于建筑行业，集远程开放教育、职业教育和岗位培训为一体的综合办学机构，始终坚持“内涵发展、特色办校”理念，以提高人才培养质量为根本，走“做专远程教育、做精职业教育、做强岗位培训”的特色发展之路。近年来，学院以三大板块业务统筹发展为抓手，综合运用学院和企业的人力、物力、财力资源，将开放教育、中职教育、岗位培训有机结合，努力打造建筑行业人才培养的新高地，实现了三类教育相互促进、教育链与产业链有机融合、学校教育与企业实践良性互动、学历教育与终身教育无缝结合，为地方经济社会发展做出了积极贡献。

创新职业人才培养模式，提升内涵建设水平。学院紧紧抓住特色育人这一核心，探索建筑行业人才培养的特色路径。一是秉持特色化的人才培养理念。坚持“依托行业、服务行业、内涵发展、特色办学”的发展思路，深化人才培养模式改革与创新，搭建“职业导向、双证育人、校企互动、理实结合、开放灵活”的育人体系，在优势互补、资源共享、衔接融通中营造时时能学、处处可学的职场化终身学习环境，促进学历教育与非学历教育有效沟通，形成鲜明的办学特色。二是不断加强教学内涵与质量保障体系建设。从专业设置、培养模式、课程体系、教学方法、学习资源等方面下功夫，实现教学管理体系化、规范化，持续推进教学诊断与改进工作，不断完善内部质量保障体系。三是加大“互联网+”教学环境建设力度。对照新形势下教育行业、建筑行业发展趋势，重点加强“互联网+”特色教育环境建设，购置电脑 1 600 台套，对 50 个多媒体教室进行了升级改造，使用了双向触摸一体化教学设备，建成了校园无线 Wi-Fi 网络系统，为下一步发展智慧校园系统打下坚实基础。四是加强教学实践基地建设。建成校内实训

基地 24 个、校外实训基地 14 个，新建了建筑 BIM、建筑制图识图、建筑施工 1∶1 实体模型等 9 个实训室，有效满足了实践教学的需求。五是探索学习成果认证转换工作。面向职前、职中、职后教育的有机衔接，探索学分银行建设，成立重庆电大学分银行认证分中心，探索建立建筑业多种形式学习成果认证和转换体系，促进学历教育与非学历教育的融合发展。

深化校企合作办学机制，实现多元融合互动。学院坚持“校企合作、资源共享、优势互补、共同发展”理念，走产教融合发展之路。积极推进远程教育和职业教育深度融合，探索电大教育与中等职业教育一体化合作办学的新机制，实现不同教育类型相互促进、学生资源相互支撑。先后与重庆建工集团等 30 余家企业建立了校企合作关系，校企专业技术人员实现了无缝流通，教学内容紧跟行业发展，教学评价融入企业元素。引进企业的经营理念、人才管理理念和岗位技能要求用于指导教学，打造集教学、培训、实习、就业推荐为一体的人才培养和就业平台。经过不断努力，充分发挥了国家级高技能人才培训基地、全国职工教育培训优秀示范点、人社部“建筑工程施工”专业一体化改革试点单位等平台的作用，形成了人才培养与行业服务之间的良性互动：行业的人才来自学院，学院的生源来自行业；行业为学院提供实训场地，培养出的技能人才又进入行业；学院引进经验丰富的行业师资，培养出优秀学生回馈行业。目前，借着已被人力资源社会保障部确立为第 45 届世界技能大赛中国集训基地的东风，学院与社会的多元融合发展将释放新的活力。

推进培训项目转型升级，拓展行业培训市场。学院背靠重庆建工集团，打造重庆市建筑类新兴产业技能人才培养基地。近两年，契合建设“两点”“两地”“两高”的需要，对接“8+3”战略行动计划，立足重庆市加快基础设施建设、推进城乡统筹协调发展及建筑产业现代化发展的需要，紧跟行业转型、市场变化和企业需求，大力开展对接企业需要的各类培训。在巩固集团内部培训市场的同时，全力拓展外部培训市场，加速推进培训项目的转型升级和内拓外延，大力开发岗位实用性培训项目。面向建筑行业，开展专业技术管理岗位培训、技术工人技能等级培训和企业管理培训，共开办“八大员”、特种作业人员、技术工人、企业员工的能力提升培训项目12个大项，开展各类职业技能培训、鉴定、考核共计13万人次以上。积极创新培训形式，以住建部、重庆市建委、建工集团大力推广BIM技术和装配式建筑为契机，借助全国BIM应用技能考评及培训省级业务管理中心平台，推进取证培训、实用培训，实现资源整合、优势互补，为重庆建工集团及所属总承包公司、重庆建工集团市政交通公司、重庆交通建设（集团）有限责任公司等企业提供了订单式培训。目前正在积极拓展集团安全员、质检员、党群类全覆盖培训，新技术新工艺专项培训及子公司管理提升定单式培训。

强化教育教学能力建设，打造专业精英团队。坚持“人才强校”战略，以培养专业带头人和骨干教师为重点，着力加强师资队伍建设，不仅出台了《专业带头人管理办法》《骨干教师选拔及管理办法》《双师素质教师认定办法》和《专业教师企业实践管理办法》等一系列文件和制度，制定了鼓励教师加强自我学习和积极参加教学、科研、竞赛活动的激励机制，还推行以老带新、师徒结对等活动。这些举措既重视对优秀人才的培养和扶持，又注重师资队伍整体素质的提高，全方位提升了教师的教学能力和水平，为教师队伍建设长效机制的形成奠定了坚实基础。当前，学院已形成了一批素质精良、结构合理、与办学规模和专业配置相适应的精品师资团队。近两年累计培养重庆市专业带头人1名、骨干教师2名，校级骨干专业带头人4名、骨干教师8名、“双师素质”教师47名，为人才培养工作提供了重要的力量支撑。

面向未来，学院将紧密结合区域经济社会发展需要，以“高质量办学、高品质学习”为引领，牢牢抓住人才培养能力提升这一核心，以专业建设为龙头，以办学体制机制改革创新为动力，深化产教融合、校企合作、工学结合平台建设，进一步整合优质资源，努力使人才培养、科学研究、社会服务能力再上新台阶。学院将进一步推进转型发展，围绕“四个典范”即“专业服务产业的典范、面向职场学习的典范、办学模式探索的典范、体制机制改革的典范”，努力打造成为重庆市建筑产业、城乡建设相关领域高素质技术技能人才培养的摇篮，努力成为电大系统教育教学改革、工学结合人才培养模式改革的前沿阵地，成为“一体多元三融合”办学模式改革创新的示范窗口，在远程教育、职业教育、岗位培训的融合发展中发挥示范效应和引领作用。

企业管理学院：精准对接企业需求，助力中小企业创新发展

重庆电大企业管理学院实行重庆市企业管理学校、重庆市中小企业培训中心、重庆广播电视大学企业管理学院“一套班子、三块牌子”的运行管理模式，是一所集中等职业教育、电大教育、职业培训于一体的综合性学校。为适应新形势下电大转型升级的需要，学院围绕建成“小而专、小而精、小而特、小而美”的“四小”校园目标，以服务全市乡镇企业、中小企业和民营企业发展为宗旨，以校企合作办学为主线，以提升全市企业经营管理人员能力为重点，促进职业教育、电大教育、职业培训融合互动，办学特色更加凸显，突破了转型发展的瓶颈，取得了良好的效果。

立足服务中小企业发展，多措并举力推职业培训。学院秉承服务全市乡镇企业、中小企业和民营企业发展的宗旨，充分发挥重庆市中小企业局行业办学的背景优势，依托工业和信息化部组织实施的“国家中小企业银河培训工程”和“企业经营管理人才素质提升工程”，以提高中小企业现代经营管理水平和企业竞争力为核心，以培养高素质企业家和职业经理人为重点，组织实施重庆市中小企业培训计划，大力开展中小企业发展所需的各类经营管理人才培训。一是着力提高中小企业培训的行业影响力，与清华大学、浙江大学等知名高校合作举办企业高级经营管理人员研修班，还引进优秀师资和一批具有实践经验的企业家作为职业培训的师资，学院高级经营管理培训班的培训质量得到显著提升。二是引进了日本产业训练协会 TWI（一线主管能力提升训练）培训项目和德国“赛飞”创业辅导师培训项目，面向全市中小企业创业基地、都市楼宇工业园及中小企业中基层管理人员开展技能训练，受到参训企业的高度认可和肯定。三是高度重视学院师资队伍建设，选派了一批管理骨干、优秀教师参加日本产业训练协会和德国“赛飞”创业辅导师的师资培训，有效提升了学院教师的培训能

力。在这些措施的综合作用下，学院以经营管理为重点的公益培训影响力逐年提升。2017 年学院服务中小微企业超过 15 000 家，培训人数达 27 000 人次；2018 年上半年学院已举办培训班 161 期，培训人数达 22 000 人次。在公益培训规模和质量提升的同时，学院市场化培训班也取得了突破，先后为渝江压铸有限公司、铜梁区经信委、重庆水务集团公司等二十多家大型企业开展了经营管理人员的 TWI 精益生产培训。学院的中小企业培训班在行业的影响力显著扩大，不仅为学院开展校企合作提供了广阔的发展空间，也为拓展学历教育招生奠定了基础。

精准对接企业需求，开启校企合作新思路新模式。学院始终抓住校企合作办学的主线，以提升服务企业能力重点，结合当前全市乡镇企业、中小企业、民营企业转型升级和创新驱动战略对人才的迫切需求，整合企业培训资源，切实为企业发展服务。一是开展远程中职招生项目，深入企业和园区进行广泛宣传招生，开辟了重庆非同贸易有限公司、重庆渝盟商务信息咨询有限公司、重庆钧顶机械制造有限公司、重庆帅邦公司、重庆市永川区大成清洗保洁有限公司五个教学点，招收机械专业、电子商务、农村经济综合管理等专业学生近 1 000 人。二是启动“助力计划”，先后与重庆力帆集团、璧山蓝黛传动集团合作签约，成立了力帆学习中心、蓝黛学习中心，招收机械制造生产管理，工商管理、工业工程技术专业学生近 200 人。运用送教进企业的学习方式，不仅破解了中小企业在职人员教育和培训的难题，也扭转了学院招生下滑的不利局面。三是加快校企合作步伐，探索与行业、企业合作办学的新模式和新机制，加大与企业职工培训体系的对接力度，在主城 9 区、两江新区及周边 50 家大中型企业“面对面”开展企业需求调研，进一步了解企业的人才需求，为学院开展学历教育闯出了一条新路。

加强教育教学改革，探索产教融合人才培养新模式。为真正服务于企业和职工，在分析学生特点和岗位能力的基础上，学院不断加强教育教学改革。一是根据企业需求，量身定做教学计划，增设 TWI 等特色课程。例如在机械制造生产管理和工业工程技术专业的课程设置上，学院根据企业需求在力帆学习中心增设了 TWI 四门特色课，切实解决企业中基层管理人员管理技能不足的问题，受到市电大和国家开放大学肯定。在蓝黛学习中心，增设了“基础工业工程”“生产计划与控制”“生产物流管理”三门工业工程技术专业的核心课程，并与重庆大学工业工程的专家合作完善了课程构架。二是送教上门，共同参与学生的管理和指导，共同制定优秀学员评选、奖学金评定、提干重用等措施激励学员学习和提升。三是加强教学实践，由校企双方共同制定实践性教学方案和考核方案，企业的现场管理人员和技术人员担任实作指导教师与考评教师，实现了企业技能培训与专业实践教学的有效结合。四是选拔聘请企业师资，校企双方共建师资队伍。不仅弥补了学院理工类教师缺乏的不足，还为企业培养内训师创造了平台，扩大了双师型师资队伍，使校企双方同时受益。五是定期召开校企座谈会，解决办学过程中出现的问题和困难，切实为企业发展服务，探索出了一条校企合作的新路径。

扩大开放合作办学，构建中小企业教育培训工作体系。学院充分发挥行业办学的背景优势，整合全市中小企业八大教育培训分中心资源，利用全市中小企业“1+36”服务平台，以项目为先导、以责权利一致为纽带，构建起了一个覆盖30多个区县的中小企业教育培训服务体系，让教育培训扎根区县和基层，不仅为学院扩大办学规模、拓展培训市场奠定了基础，也实现了职业培训、职业教育、开放教育的协调发展。近五年来，学院为全市乡镇企业、中小企业和民营企业教育培训人员逾10万人次，超过学院前三十年的办学水平，助力企业形成了一支懂经营、善管理、应对危机能力强、现代化经营管理水平高的中高级经营管理人员队伍，为全市中小企应对国际国内挑战、实现转型升级发展奠定了坚实的人才基础。

转型发展是一个改革、发展、提升的过程，也是一个推陈出新、创新开拓的实践。面向新时代新任务新要求，学院将按照市经信委和市电大的部署与要求，牢固树立创新发展理念，坚持立德树人根本任务，以教育教学为核心，坚持在“转型中发展、在转型中提升”的原则，强化开放合作，不断扩大办学规模，提升办学质量，持续深化行业学院的转型发展，为促进学习型社会建设、服务重庆地方经济社会发展做出更大的贡献。

乡村振兴篇

巫山分校：送文化下乡进社区，服务县域脱贫攻坚和乡村振兴工程

巫山是国家生态文明示范县，地处长江三峡生态屏障核心区，是国家淡水资源战略储备基地、全国文明县城、国家卫生县城、国家园林县城。是国家扶贫开发重点县。本轮脱贫攻坚有贫困村 120 个、建卡贫困户 24 714 户 90 735 人，有市级深度贫困乡镇 1 个。作为国家扶贫开发重点县，必须实现到 2020 年完成贫苦户全部脱贫任务目标，脱贫攻坚任务艰巨。

巫山县委县政府把全域旅游示范县建设，脱贫攻坚，乡村振兴，生态发展与保护作为全县经济社会发展战略任务，制定了统筹推进，协调发展的工作思路，号召各行业积极融入其中，各部门齐抓共管，全城居民共同参与。

为服务我县经济社会发展要求，探索乡村振兴多样化形式，助力脱贫攻坚等工作，依托我校师资与辐射社会服务能力等办学优势，以送文化下乡进社区学校活动为切入点，在县委宣传部等领导下，联合县文旅委，县文联等部门及有关乡镇，学校展开了一系列送文化下乡活动。

一、送文化下乡

（一）当阳乡“歌唱祖国·志愿惠民”

当阳乡位于巫山北部，最高海拔 2 680 米，面积 109 平方千米，辖 6 个行政村。与湖北省神农架林区大九湖乡接壤，距县城 143 千米。当阳乡旅游资源丰富，风光优美，有里河峡谷、葱坪湿地、当九路沿线风光、风情小镇等。处于巫山旅游线路规划县城—双龙镇—大昌镇—平河乡—当阳乡滨湖亲水旅游线之中。当阳乡属高寒高海拔山区，扶贫开发乡。

2019 年 5 月，由中共巫山县委宣传部、巫山文学艺术届联合会、

巫山县教育委员会、巫山县当阳乡人民政府主办。由重庆电大巫山分校、巫山县社会科学界联合会、巫山县作家协会、巫山县音乐协会、巫山县戏剧协会承办的“歌唱祖国·志愿惠民”——巫山县文艺志愿服务进基层活动走进了当阳乡玉灵村。县文联主席赵文章、巫山分校校长毛和平及当阳乡乡长王鉴鑫参加了活动并致词，巫山分校十多位学生参加演出。在歌、舞、歌伴舞、器乐演奏、朗诵、民间艺家表演的穿号子和小品中，增强了村民的幸福感。

（二）曲尺乡哨路村“壮丽 70 年，谱写新辉煌”

曲尺乡位于巫山县西部，是三峡工程移民搬迁乡。面积 117 平方千米。辖 1 个社区、10 个行政村，长江横贯乡境。乡村旅游资源丰富，有万亩李花、脆李、柑橘、摩天岭风情小镇等乡村旅游资源。每年成功举办的有李花节，有脆李、柑橘采摘体验游，有摩天岭风情小镇。

2019 年 9 月，哨路村两委、哨路驻村工作队主办，重庆电大巫山分校及有关企事业单位协办，在曲尺乡哨路村哨路小学举办了“壮丽 70 年，谱写新辉煌”庆祝中华人民共和国成立七十周年文艺汇演。我校师生共献上了舞蹈《舞动青春》《幸福家园》，独唱《红旗颂》三个节目，丰富了基层群众的精神文化生活，用文艺的形式唱响了“不忘初心、砥砺前行”的时代强音，以实际行动向祖国七十华诞献礼！

二、送文化进校园、进社区

（一）“非遗”文化——三峡竹琴进校园

为传承和弘扬祖国传统文化，传承传播巫山民间优秀说唱艺术，丰富学生文化生活，推动我校特色旅游学院建设，2019 年 4 月，学校联合县文联、县文化馆，举办了巫山县非物质文化遗产——三峡竹琴传承展演活动。邀请巫山县非物质文化遗产——三峡竹琴传承人邓习述老先生给学校师生介绍竹琴和进行说唱表演。文联副主席黄会岚女士出席并表示开展“非遗”文化进社区、进学校活动，对推动我县传统文化的传承传播传承和弘扬传统文化意义重大。学校随后遴选了有意愿有文艺素养的师生 20 人，纳入课余学习竹琴。我校也被县文化馆列为县非遗文化传承基地学校。

（二）开展传统文化进社区活动

县博物馆是我县市级文化基地，市级研学旅游示范基地，国家3A景区，除举办馆藏文物展外，还定期为市民、旅游者举办传统文化展览，传统文化讲坛，提升参观者、市民文化素养，是对外交流的窗口。我校和博物馆合作，定期开展学生参观学习，文化交流。县博物馆邀请我校教师黄长龙在巫山县博物馆为市民举办“用文化守望幸福”的文化教育讲座，县城各社区50余人参加了交流。

三、条件保障

我校送文化进乡、进社区活动得到县委县政府的大力支持，得到了县文旅委、县文联、县博物馆、县音协、舞协等部门和有关乡镇党委政府的支持配合。县委县政府出台《巫山县关于加强社区教育工作的实施意见》提出了加强文旅融合，加强文化建设，提升全民素质的要求，为我校开展文化服务活动提供了有力的政策支撑。

同时，各相关部门、乡镇积极提供资金、场地、人员等支持，为活动的顺利开展提供了保障。两次文艺下乡活动，我校和县文联及当地乡镇人民政府共支出费用 5.3 万元。三峡竹琴进校园我校购买竹琴20把，支付教师授课费等共计1万余元。

为保证活动的质量、效果，我校和相关主办方积极选拔专业人才。在送文化下乡的活动中，我校认真选拔骨干教师和学生参加，幼儿教育专业学生在活动中发挥了重要作用。

送文化下乡活动，既丰富了村民的精神文化生活，鼓舞了干劲，又进一步宣传了提升了当地的影响力，得到了当地政府和村民的热烈欢迎。送文化进社区、进校园活动对全域旅游示范县建设，积极推进文旅融合发展起到了积极的作用，对推动我县传统文化的传承传播意义重大。三峡都市报、县手机报、县广播电台对相关活动给予了报道，获得了政府有关部门和社会的广泛好评。

经贸学院：
加快基层开放学院建设 服务乡村振兴战略

“中国要强，农业必须强；中国要美，农村必须美；中国要富，农民必须富”。党的十九大决定实施乡村振兴战略，这是顺应亿万农民对美好生活的向往，是对“三农”工作作出的重大决策部署。乡村振兴，产业兴旺是重点，实现小康是关键。重庆广播电视大学经贸学院是重庆市供销合作总社举办的行业学院，为“农”服务是供销合作的宗旨，学院在建立开放大学农业与农村发展学院的过程中，以农业产业化基地为依托，培育新型职业农民取得了显著成效，被科技部授予“国家级科技特派员创业培训基地”。

一、实施背景

（一）培育新型职业农民是时代赋予开放大学基层学院的新使命

加快农业转型升级，建立现代农业经营体系，壮大新型农业经营主体，传统的分散经营正逐步向集约化、规模化生产转变，这样快速催生了各种专业化的生产经营组织。建立多渠道、多层次、多形式的农民教育和培训体系，着力提升农业经营主体素质，培育“爱农业、有文化、懂技术、会经营、善管理、能创业”的新型职业农民，是时代赋予开放大学的新使命与新当担。

（二）培养新型职业农民是电大促进转型发展的内在要求

乡村振兴主体是农民，关键在人才，学院秉承为“农”服务这一宗旨，以市供销合作社组建的 2 万多农民专业合作社为纽带，实施农村种养殖技术培训，农产品经纪人培训，农民专业合作社技术人员和管理人员培训，培育新型职业农民，并以此为突破口加快学院转型发展，培养新型职业农民，是重庆开放大学农业与农村发展学院的光荣使命。

二、主要目标

（一）搭建一个培育新型职业农民的综合服务平台

主要包括构建涉农专业教学实训平台、培训创业平台、科技推广平台、信息服务平台、资源共享平台。

（二）探索一套培育新型职业农民的机制和模式

探索政、校、企、研、产“五方互动”和“宗旨为三农、基地在农村、对象是农民、实训在农田、成果进农家”的“五环惠农”培养模式。

（三）培育一批新型职业农民

通过集团化办学，依托综合服务平台，发挥成员单位各自优势，培养一批适应现代农业发展的专业人才、经营人才、管理人才和创业人才，着力提高农业产业化新型市场经营主体素质，造就一批新型职业农民。

三、实施过程

（一）做好顶层设计，明确定位与责任

（1）开展学习调研。一是开展专题的调查问卷。针对重庆农村专业合作社、农业经营大户、中大型农业企业，发放纸质调查问卷 213 份，收集各类有价值信息 110 余条，梳理采纳使用 65 条。二是组织实地参观考察和学习。借鉴佛山市高明区现代农业生态园、扬州市星河农业生态园等成功经验和做法，形成了专题的项目考察报告和学习研究报告。

（2）科学编制规划。委托资深的专业机构组织编制《重庆市经贸中等专业学校生态农业产业园综合发展规划》，通过系统规划完成生态农业产业园顶层设计，全面科学的构建一个汇集“种、养、加”一体和“农、科、教”相结合的现代生态农业产业园。

（3）层层落实责任。根据生态农业产业园规划和农业产业化培训基地的示范校建设方案，制定了农业产业化培训基地建设进度表，明确了项目责任人、建设内容、完成时限等核心指标，确保了规划执行和建设有序推进。

（二）建设农业产业化基地，构建实体发展平台

（1）加快基础建设。学院按照“产教融合、场景观摩、实际操作”要求，通过流转农村土地 400 亩，租期 30 年，系统建设了茶叶生产与加工、园林绿化与园艺、农业与农村用水、农业机械使用与维护等专业实训基地。依靠政府项目支持修建了园区道路、水利设施和科学试验基地，引进企业建成了仙草加工厂、种养殖场，自建了名优茶加工厂、农业机械维修与装配车间和科研培训楼，满足生产和教学、科研、培训、服务的需要。

（2）引进合作伙伴。学院与西南大学、重庆市农科院、重庆市茶叶研究所、重庆市特种作物研究所、重庆市农技总站、重庆市供销社四大集团及行业协会和永川区农技部门建立了专家互聘、师资互派、项目共研、成果共享的合作关系，引导他们加入重庆春晖农民工培训集团，共同促进涉农产业发展。

（3）设计平台功能。农业产业化基地承载教学实训平台、培训创业平台、科技推广平台、信息服务平台、资源共享平台 5 大功能，实现重庆市春晖农民工培训集团成员单位之间师资、科研、教学、培训资源共建共享。

（三）配置农业产业化资源，提升专业实力

（1）合作拓展产业基地。一是建成重庆市级农作物综合试验推广基地 60 亩，满足玉米、水稻、油菜等 100 多个农作物新品种试验示范需要。二是与农业产业化龙头企业合作，建立中药材仙草示范推广基地 200 亩，力争成为王老吉、加多宝等知名饮料企业的西南地区最大原料供应基地。三是与重庆市农委合作，参与永川水稻全程社会化服务试点项目，承接水稻农机作业社会化服务 20 000 亩。

（2）实训促进专业发展。一是围绕农机使用与维护、茶叶生产与

加工等重点建设专业，辐射带动农业与农村用水、农村经济综合管理、园林绿化等涉农专业，完成实训任务。二是与教学实训、技能培训相结合，推广农业新技术 6 项，秸秆腐熟还田、玉米抗旱保温栽培、水稻机插秧育苗、仙草无性繁殖、测土配方施肥等技术得到推广使用。

（3）加大农业技术科研。利用学院师资队伍优势、技术优势、设备优势，依托基地开展农业科技推广、良种推广、农机使用技术推广等农业科技研究和服务，推广良种 21 个，带动 2 188 户农民增收。

（四）全面启动“漂鸟计划”，培养新型职业农民

学院在台湾新农业运动的“漂鸟计划”培训模式的基础上，对其进行了本土化的改良与完善。

（1）组织“漂鸟体验”。根据《新型职业农民培养方案（试行）》，以重庆市供销合作社组建的专业合作社、综合服务社为纽带，组织入社社员到农业产业化基地进行现场参观考察，让其充分了解现代农业技术和发展过程，激发学员兴趣，促使学员主动自觉学习农业科技和管理知识。

（2）施行“漂鸟筑巢”。即开展农业技能训练。通过举办庄稼医生、乡村旅游、水稻机收、果品加工、畜禽养殖、中蜂养殖、中药材种植、现代农业技术、合作社理事长农产品经纪人等培训项目，让学员在集中培训后分散到各个专业基地实习，包括生产、经营、管理等知识和技能进行分段全程实习，边干边学，并配备导师给予全程指导。

（3）启动 4H 认证研究。针对基地培训后的学员，学院拟按照 4H 标准，即 Head——农业理念文化知识、Heart——职业操守与品德、Health——良好的身体状态与素质、Hand——专业技能与经营管理能力的认证进行认证并颁发证书。

（五）实施项目孵化，助推新型职业农民创业圆梦

（1）互联网+农业产业化。创新互联网思维，标杆学习淘宝网、淘实惠、易购网等电子商务模式，在学院“惠农网”的基础上，通过网络平台连接各种服务于农村的资源，拓展农村信息服务领域，使之成为遍布乡、镇、村的三农信息、农产品销售、生活物质采购、科技传

播与技术服务的电子商务购销服务中心，实现农业的“购、产、销、展”和“科、研、教、学”为一体的大型农业电子商务平台，助推普通农民向新型职业农民的转型。

（2）孵化创业发展。利用农业产业化基地优势，将学院最新的农业产业推广项目，向参与培训的学员进行项目孵化，并在其创业过程中给予全程的免费技术指导，帮助创业圆梦推动地方经济发展。

（3）争取重点扶持。通过争取政府鼓励和引导农民成立农民专业合作社，采取财政支持、税收优惠、科技人才扶持，以及产业政策引导等措施，促进农民专业合作社发展。

（4）鼓励联合经营。一是利用春晖农民工培训集团成员的资源优势，推动联合经营，实现资源共享、互惠互利。二是鼓励学校教师，特别是具备市场运作能力和企业管理的教师，牵头对农民创业者开展全程经营指导，实现“基地+创业”的联合经营模式。

四、条件保障

（一）组织保障

学院成立了农业产业化培训基地特色项目工作小组，落实了项目负责人及项目建设骨干成员，聘请了项目建设咨询专家，确保项目顺利实施。

（二）制度保障

学院建立健全了项目建设领导责任制和项目负责人制度，做到机构落实、人员落实、责任落实、方案落实、奖惩落实。出台了《农业产业化培训基地建设项目管理办法》及相应的建设项目绩效考核办法、建设项目进度检查管理办法等，以确保项目建设实施过程的科学、规范、高效。

（三）资金保障

项目建设资金共计投入 543 万元，其中，市级财政投入 80 万元、供销社主管部门投入 200 万元、学院自筹 263 万元。资金使用中严格按照国家有关财经法规和学院财务管理制度执行，做到了专项资金的统一管理和配置。

五、实施成效

（一）首创“五方互动、五环惠农”新型职业农民培养模式

发挥政府主导作用，支持园区基础设施建设，发挥科研院所的人才优势、科研优势、项目优势，以此为平台，引企入园、引研入园、引项入园，建立政、校、企、研、产五方互动运行机制，逐渐形成宗旨为三农、基地在农村、对象是农民、实训在农田、成果在农家的“五环惠农”新型职业农民培养新模式。形成国家级基地 1 个（国家科技特派员创业培训基地）；省部级示范项目 2 个（全国供销总社庄稼医院建设与科技服务培训项目、重庆市农作物新品种综合试验基地）；承担培训、服务项目 10 个（农村合作经济组织发展培训、扶贫培训、大学生岗前培训、就业再就业培训、挖掘机培训、茶艺师培训、供销社行业特有工种鉴定、永川区水稻全程社会化服务）；产教结合的企业合作项目 10 个。

（二）培育出一批以新型职业农民为主的农业技能人才

学院以农业产业化基地为平台，以农民专业合作社为纽带，开展农民实用技术培训和职业资格鉴定，共培训 6 132 名各类实用技能人才，覆盖全市 39 个区县，办理职业资格证书 5 213 个，培育了 3 929 名新型职业农民，他们一专多能，扎根农村，成为新农村建设的骨干和中坚力量，增强了我市农业组织化发展程度，带动了区域特色农业的形成和发展。

（三）促进了农村合作经济组织发展

2017 年 9 月，学院农业产业化基地被确定为重庆市合作经济组织培训中心，承担全市合作经济组织管理人员和技术人员的培训职责。每年完成合作经济组织从业人员培训 1 132 人，通过培训，为重庆合作经济组织发展注入了活力。重庆市供销系统牵头举办的农业专业合

作社已达 19 757 个，比

2012 年末增加了 7 896 个，增幅 66.58%，入社农户已达 43%。2018 年以来，有 136 个合作社成为国家级示范社，有 100 个成为省（市）级示范社，为此，学院荣获全国供销合作社系统职业能力建设开拓奖。

（四）助推一批以自主创业为梦想的涉农企业

基地培养了一大批专业能手和致富带头人，促进了一村一品、一乡一品的形成，一大批培训学员领办的专业合作社进入全市农产品生产加工企业 100 强。

新型职业农民培训学员李清华领办的黔江早稻田辣椒种植股份合作社，有社员 265 户，有"送饭宝贝"和"尝必乐"2 个自主品牌，渣海椒、盐菜等 5 项成果获国家发明专利。

新型职业农民培训学员李永均领办的黔中道紫苏种植专业合作社，有社员 300 多名，基地从 300 亩壮大到目前两万余亩，覆盖彭水、酉阳、武隆、黔江 4 个区县 20 余个乡镇，带动农户 5 000 余家。"黔中道紫苏油"获得重庆名优特农展会"最受消费者欢迎的产品"称号。

六、体会与思考

迄今为止，依托农业产业化基地培育新型职业农民的工作取得了一定的成绩，但长远来看，还需要政府进一步发挥主导作用，更进一步加强学院内涵建设，完善学院农业产业化基地的基础能力建设，不断加大助推力度。同时还需要积极向市供销总社、市农委争取三农惠民政策项目，在基地落地生根，引入更多涉农培训项目，发挥基地的示范和引领作用，以培育更多新型职业农民，促进重庆现代农业的蓬勃发展。

秀山电大：加强人才培养，助力乡村振兴
——“长征带”教育精准扶贫工程乡村人才培养

实施乡村振兴，是党的十九大做出的重大决策部署。乡村振兴的关键是人才的振兴，人才振兴是实施乡村振兴战略的重要推力，是落实产业兴旺、生态宜居、乡风文明、治理有效、生活富裕总要求的有力保障。加强乡村人才培养，抓住人才振兴这个关键，培养一批爱农村、懂管理、有知识、有技术的乡村干部和致富带头人，强化乡村振兴人才支撑，有效带动乡村振兴。

一、开展“长征带”教育精准扶贫乡村人才培养概况

“长征带”教育精准扶贫工程，是国家开放大学为贯彻落实党中央扶贫开发工作会议精神，发挥教育在扶贫开发中的作用的一项重要工程。国家开放大学决定对红军长征沿线一带有关省、自治区、直辖市国家级贫困县进行精准扶贫。经国家开放大学先期遴选，重庆广播电视大学秀山分校入选“长征带”教育精准扶贫工程。

按照国家开放大学“长征带”教育精准扶贫工程实施方案，在2017—2020年四年间，对秀山自治县的乡镇干部、村（居）两委班子成员，实现免试注册入学、免费接受本专科学历教育和非学历教育技术技能培训。

自2017年到2019年底，我县乡村干部、建档立卡户200人学历教育获得国家开放大学免费资助。其中乡村干部175人，建档立卡户25人；专科93人，本科107人；国家开放大学资助学历教育66.2355万元；同时，围绕秀山自治县发展生态农业和农村电商发展的需求，重庆广播电视大学秀山分校拟定并完成了农村电子商务、苗绣、猕猴桃、旅游等特色产业等技术技能培训项目，166人参加了农村电子商务

培训，64 人参加了苗绣培训，53 人参加了猕猴桃种植培训，61 人参加了旅游培训，国家开放大学资助非学历教育培训 17.25 万元。通过“长征带”教育精准扶贫工程人才培养，把最有价值最适用的专业知识和技术技能传授给乡村基层干部，为我县培养一批能够带领当地农民脱贫致富的乡村干部、致富能手和产业带头人。

二、加强文化素质教育，促进乡村干部学历提升

乡村人才培养就是要培养文化素质高、专业知识强、善于学习、力求上进的乡村干部。但目前存在着乡村人才文化层次低，初中、高中文化程度占的人数较多，大专及以上学历的极少，不能适应新形势下新农村的效益型、集约型、外向型农业产业化发展的需要。乡村人才外流严重，一些大中专毕业生乡土创业观念薄弱，外出务工居多，潜在人才流失，农村实用人才后继不足。

国家开放大学“长征带”教育精准扶贫工程落地秀山自治县，惠及千家万户，秀山自治县委、政府高度重视，各乡镇党委、政府大力支持，各村（居）委会及广大群众积极响应。村（居）委会干部、本土人才、建档立卡户、致富带头人积极踊跃报名，由村（居）委会、乡镇推荐，经重庆广播电视大学秀山分校初审，报重庆广播电视大学、国家开放大学审核，2017 年秋季 21 人、2018 年 76 人、2019 年 103 人共计 200 人参加了国家开放大学本专科行政管理、法学、会计学、学前教育专业学习。目前，2017 年秋季和 2018 年春季入学的村（居）委会干部、本土人才、建档立卡户、致富带头人已完成自己的学业，获得国家开放大学本专科毕业文凭。

乡村人才是推动乡村振兴的原动力。乡村干部要适应新时代、新形势，就需要不断优化知识结构，提升自身文化素质。通过专业学习充实了专业知识，增长了见识，提高了文化素质，特别是扎根基层面对群众的村（居）委会干部，因为学到很多做人做事的道理，学到很多应用于工作中的专业知识，使他们在工作创新意识、引领发展能力和群众工作能力上都有了新的突破，取得了可喜可贺的工作成效。

三、加强技术技能培训，培养新型农村致富领路人

乡村人才培养就是要培养工作作风实、群众基础好、善于做新形势下群众工作的乡村干部；就是要培养发展能力强、熟悉农村产业发展、思维活跃的致富带头人；但目前存在着乡村人才总量不足，结构不合理，传统种养产业和加工行业的人才比重较大，从事经营管理的人才和农村科技致富领头人才匮乏，实用技术技能欠缺。

国家开放大学“长征带”教育精准扶贫工程非学历教育项目深受村（居）委会干部、本土人才、建档立卡户、致富带头人学员的欢迎。

我校以服务秀山自治县脱贫攻坚、“互联网+三农”发展战略、惠及人民群众为宗旨，推进农村电商发展，建立物流快递、农产品上行、人才培养、电商平台和电商服务五大体系，积极开展电子商务基础性人才培训。我县乡村干部、致富带头人、农村电商从业人员和农村青年电商爱好者 166 人参加培训。通过培训，使学员们夯实了电子商务基础知识，提高了电子商务实操技能，增强了自主创业就业的信心。

我校围绕秀山自治县推进脱贫攻坚、乡村振兴战略，以猕猴桃种植技术人才为培训重点，为发展农村经济培养一批猕猴桃种植技术初级人才，带动猕猴桃产业扶贫和农村青年再就业。全县村委会干部、建档立卡户、农村青年创业者和种植农户 53 人参加培训。通过培训，使学员们初步掌握了猕猴桃的栽植技术、猕猴桃的土肥水管理技术、猕猴桃的整形修剪、病虫害防治等基本知识和基础技能，为农民增收、发展农村经济做出积极的贡献。

我校为了传承非遗文化，助力脱贫攻坚，让更多人受益，让更多人学到知识，让更多人学到技能，让更多人参与家乡经济建设，来自秀山自治县各乡镇农村妇女、青年创业者共 64 名学员参加培训，绣娘导师耐心讲解、手把手传授，极大地鼓舞了学员们的学习积极性，使学员们认识了苗绣的制作及技艺流程，掌握了平绣、雕绣、套绣针法的运用，并能熟练的进行苗绣实操，学到了一门心灵手巧技术。

我校围绕推进具有地方特色的乡村旅游业发展，以乡村旅游人才为重点培训项目，凸显秀山自治县乡村文化和旅游资源优势，为秀山

自治县培养一批合格的乡村文化和旅游人才，以带动旅游产业扶贫和农村青年再就业，合理转化农村劳动力的价值，以旅游产业扶贫带动地方经济发展。全县村委会干部、建档立卡户、农村青年创业者和旅游从业人员、景区村庄负责人61人参加了培训。通过培训，使学员们初步掌握了乡村旅游文化、餐饮服务管理与实操、客房服务管理与实操、中国茶文化基础、绿茶盖碗实操、折花实操等基础知识和基本技能，提高了自主创业的积极性，推进了乡村旅游和民宿互动发展。

乡村振兴，关键在人才。人才振兴是实施乡村振兴战略的重要推力，抓好乡村人才培养至关重要。人才振兴，重在培育，抓住人才核心，让乡村人才在乡村振兴的广袤天空放飞梦想、实现人生出彩，共同奏出乡村振兴的时代强音。